"十三五"全国高等院校民航服务专业规划教材

民航服务手语训练

主　编◎黄　敏
副主编◎王玉娟　廖　颖　郭雅萌

Sign Language Training in Civil Aviation Service

清华大学出版社
北京

内 容 简 介

本教材内容共分两篇，上篇是手语基础理论，下篇是服务场景进行手语句子的具体训练，整体以航空服务手语的内容为主。虽然内容篇幅小，但却融合了基础理论和实践训练，是一本非常实用的手语训练手册。

本书作为航空服务系列教材之一，非常贴近现实，文中的内容都是手语在航空业中实际运用的实例。通过学习，可以更好地帮助空中乘务人员增进与聋哑人士的沟通，进行无障碍交流，为他们提供有力的服务支撑。同时本书填补了空乘行业手语培训教材的空白，能促进并普及手语的发展。

本书封面贴有清华大学出版社防伪标签，无标签者不得销售。
版权所有，侵权必究。举报：010-62782989，beiqinquan@tup.tsinghua.edu.cn。

图书在版编目（CIP）数据

民航服务手语训练 / 黄敏主编. —北京：清华大学出版社，2018（2024.2 重印）
（"十三五"全国高等院校民航服务专业规划教材）
ISBN 978-7-302-50236-4

I. ①民… Ⅱ. ①黄… Ⅲ. ①民航运输-商业服务-手势语-高等学校-教材 Ⅳ. ①F560.9 ②H026.3

中国版本图书馆 CIP 数据核字（2018）第 100030 号

责任编辑：杜春杰
封面设计：刘　超
版式设计：楠竹文化
责任校对：王　颖
责任印制：杨　艳

出版发行：清华大学出版社
　　　　　网　　址：https://www.tup.com.cn, https://www.wqxuetang.com
　　　　　地　　址：北京清华大学学研大厦 A 座　　邮　编：100084
　　　　　社 总 机：010-83470000　　　　　　　　邮　购：010-62786544
　　　　　投稿与读者服务：010-62776969，c-service@tup.tsinghua.edu.cn
　　　　　质量反馈：010-62772015，zhiliang@tup.tsinghua.edu.cn
印 装 者：三河市龙大印装有限公司
经　　销：全国新华书店
开　　本：185mm×260mm　　印　张：12.75　　字　数：285 千字
版　　次：2018 年 6 月第 1 版　　　　　　　　印　次：2024 年 2 月第 10 次印刷
定　　价：46.80 元

产品编号：073879-02

"十三五"全国高等院校民航服务专业规划教材丛书主编及专家指导委员会

丛 书 总 主 编	刘　永（北京中航未来科技集团有限公司董事长兼总裁）
丛 书 副 总 主 编	马晓伟（北京中航未来科技集团有限公司常务副总裁）
丛 书 副 总 主 编	郑大地（北京中航未来科技集团有限公司教学副总）
丛 书 总 主 审	朱益民（原海南航空公司总裁、原中国货运航空公司总裁、原上海航空公司总裁）
丛 书 英 语 总 主 审	王　朔（美国雪城大学、纽约市立大学巴鲁克学院双硕士）
丛 书 总 顾 问	沈泽江（原中国民用航空华东管理局局长）
丛 书 总 执 行 主 编	王益友［江苏民航职业技术学院（筹）院长、教授］
丛 书 艺 术 总 顾 问	万峻池（美术评论家、著名美术品收藏家）
丛书总航空法律顾问	程　颖（荷兰莱顿大学国际法研究生、全国高职高专"十二五"规划教材《航空法规》主审、中国东方航空股份有限公司法律顾问）

丛书专家指导委员会主任

关云飞（长沙航空职业技术学院教授）

张树生（国务院津贴获得者，山东交通学院教授）

刘岩松（沈阳航空航天大学教授）

宋兆宽（河北传媒学院教授）

姚　宝（上海外国语大学教授）

李剑峰（山东大学教授）

孙福万（国家开放大学教授）

张　威（沈阳师范大学教授）

成积春（曲阜师范大学教授）

"十三五"全国高等院校民航服务专业规划教材编委会

主　任　高　宏（沈阳航空航天大学教授）　　　杨　静（中原工学院教授）
　　　　　李　勤（南昌航空大学教授）　　　　　李广春（郑州航空工业管理学院教授）
　　　　　安　萍（沈阳师范大学）　　　　　　　彭圣文（长沙航空职业技术学院）
副主任　陈文华（上海民航职业技术学院）　　　郑　越（长沙航空职业技术学院）
　　　　　郑大莉（中原工学院信息商务学院）　　徐爱梅（山东大学）
　　　　　黄　敏（南昌航空大学）　　　　　　　兰　琳（长沙航空职业技术学院）
　　　　　韩　黎［江苏民航职业技术学院（筹）］　曹娅丽（南京旅游职业学院）
　　　　　胡明良（江南影视艺术职业学院）　　　李楠楠（江南影视艺术职业学院）
　　　　　王昌沛（曲阜师范大学）　　　　　　　何蔓莉（湖南艺术职业学院）
　　　　　孙东海（江苏新东方艺先锋传媒学校）　戴春华（原同济大学）
　　　　　施　进（盐城航空服务职业学校）
委　员（排名不分先后）
　　　　　于海亮（沈阳师范大学）　　　　　　　于晓风（山东大学）
　　　　　王丽蓉（南昌航空大学）　　　　　　　王玉娟（南昌航空大学）
　　　　　王　莹（沈阳师范大学）　　　　　　　王建惠（陕西职业技术学院）
　　　　　王　姝（北京外航服务公司）　　　　　王　晶（沈阳航空航天大学）
　　　　　邓丽君（西安航空职业技术学院）　　　车树国（沈阳师范大学）
　　　　　龙美华（岳阳市湘北女子职业学校）　　石　慧（南昌航空大学）
　　　　　付砚然（湖北襄阳汽车职业技术学院，原海南航空公司乘务员）
　　　　　朱茫茫（潍坊职业学院）　　　　　　　田　宇（沈阳航空航天大学）
　　　　　刘　洋（濮阳工学院）　　　　　　　　刘　超（华侨大学）
　　　　　许　赟（南京旅游职业学院）　　　　　刘　舒（江西青年职业学院）
　　　　　杨志慧（长沙航空职业技术学院）　　　吴立杰（沈阳航空航天大学）
　　　　　李长亮（张家界航空工业职业技术学院）杨　莲（马鞍山职业技术学院）
　　　　　李雯艳（沈阳师范大学）　　　　　　　李芙蓉（长沙航空职业技术学院）
　　　　　李　仟（天津中德应用技术大学，原中国南方航空公司乘务员）
　　　　　李霏雨（原中国国际航空公司乘务员）　李　姝（沈阳师范大学）
　　　　　邹　昊（南昌航空大学）　　　　　　　狄　娟（上海民航职业技术学院）
　　　　　宋晓宇（湖南艺术职业学院）　　　　　邹　莎（湖南信息学院）
　　　　　张　进（三峡旅游职业技术学院）　　　张　驰（沈阳航空航天大学）
　　　　　张　琳（北京中航未来科技集团有限公司）张　利（北京中航未来科技集团有限公司）
　　　　　张媛媛（山东信息职业技术学院）　　　张程垚（湖南民族职业学院）
　　　　　陈烜华（上海民航职业技术学院）　　　陈　卓（长沙航空职业技术学院）
　　　　　周佳楠（上海应用技术大学）　　　　　金　恒（西安航空职业技术学院）
　　　　　郑菲菲（南京旅游职业学院）　　　　　周茗慧（山东外事翻译职业学院）
　　　　　胥佳明（大连海事大学）　　　　　　　赵红倩（上饶职业技术学院）
　　　　　柳　武（湖南流通创软科技有限公司）　胡　妮（南昌航空大学）
　　　　　柴　郁（江西航空职业技术学院）　　　钟　科（长沙航空职业技术学院）
　　　　　唐　珉（桂林航天工业学院）　　　　　倪欣雨（斯里兰卡航空公司空中翻译，原印度尼西亚鹰航乘务员）
　　　　　高　青（山西旅游职业学院）　　　　　高　熔（原沈阳航空航天大学继续教育学院）
　　　　　郭雅萌（江西青年职业学院）　　　　　高　琳（济宁职业技术学院）
　　　　　黄　晨（天津交通职业学院）　　　　　黄春新（沈阳航空航天大学）
　　　　　黄紫葳（抚州职业技术学院）　　　　　黄婵芸（原中国东方航空公司乘务员）
　　　　　崔祥建（沈阳航空航天大学　曹璐璐（中原工学院）
　　　　　梁向兵（上海民航职业技术学院）　　　崔　媛（张家界航空工业职业技术学院）
　　　　　彭志雄（湖南艺术职业学院）　　　　　梁　燕（郴州技师学院）
　　　　　操小霞（重庆财经职业学院）　　　　　蒋焕新（长沙航空职业技术学院）
　　　　　庞　敏（上海民航职业技术学院）

本书编委会

主　编 黄　敏
副主编 王玉娟　廖　颖　郭雅萌
编　委 王铭勋　石　慧　刘文珺　龚艾蒂　付　晗　吴啸骅
　　　　汪　逸　高　琳
绘　图 黄远胜

出 版 说 明

随着经济的稳步发展，我国已经进入经济新常态的阶段，特别是十九大指出：中国社会主要矛盾已经转化为人民日益增长的美好生活需要和不平衡不充分的发展之间的矛盾，这客观上要求社会服务系统要完善升级。作为公共交通运输的主要组成部分，民航运输在满足人们对美好生活追求和促进国民经济发展中扮演着重要的角色，具有广阔的发展空间。特别是"十三五"期间，国家高度重视民航业的发展，将民航业作为推动我国经济社会发展的重要战略产业，预示着我国民航业将会有更好、更快的发展。从国产化飞机C919的试飞，到宽体飞机规划的出台，以及民航发展战略的实施，标志着我国民航业已经步入崭新的发展阶段，这一阶段的特点是以人才为核心，而这一发展模式必将进一步对民航人才质量提出更高的要求。面对民航业发展对人才培养提出的挑战，培养服务于民航业发展的高质量人才，不仅需要转变人才培养观念，创新教育模式，更需要加强人才培养过程中基本环节的建设，而教材建设就是其首要的任务。

我国民航服务专业的学历教育经过18年的探索与发展，其办学水平、办学结构、办学规模、办学条件和师资队伍等方面都发生了巨大的变化，专业建设水平稳步提高，适应民航发展的人才培养体系初步形成。但我们应该清醒地看到，目前我国民航服务类专业的人才培养仍存在着诸多问题，特别是专业人才培养质量仍不能适应民航发展对人才的需求，人才培养的规模与高质量人才短缺的矛盾仍很突出。而目前相关专业教材的开发还处于探索阶段，缺乏系统性与规范性。已出版的民航服务类专业教材，在吸收民航服务类专业研究成果方面做出了有益的尝试，涌现出不同层次的系列教材，推动了民航服务的专业建设与人才培养，但从总体来看，民航服务类教材的建设仍落后于民航业对专业人才培养的实践要求，教材建设已成为相关人才培养的瓶颈。这就需要以引领和服务专业发展为宗旨，系统总结民航服务实践经验与教学研究成果，开发全面反映民航服务职业特点、符合人才培养规律和满足教学需要的系统性专业教材，以积极、有效地推进民航服务专业人才的培养工作。

基于上述思考，编委会经过两年多的实际调研与反复论证，在广泛征询民航业内专家的意见与建议，总结我国民航服务类专业教育的研究成果后，结合我国民航服务业的发展趋势，致力于编写出一套系统的、具有一定权威性和实用性的民航服务类系列教材，为推进我国民航服务人才的培养尽微薄之力。

本系列教材由沈阳航空航天大学、南昌航空大学、郑州航空工业管理学院、上海民航职业技术学院、长沙航空职业技术学院、西安航空职业技术学院、中原工学院、上海外国语大学、山东大学、大连外国语大学、沈阳师范大学、曲阜师范大学、湖南艺术职业学院、陕西师范大学、兰州大学、云南大学、四川大学、湖南民族职业学院、江西青年职业学院、天津交通职业学院、潍坊职业学院、南京旅游职业学院等多所高校的众多资深专家和学者共同打造，还邀请了多名原中国东方航空公司、原中国南方航空公司、原中国国际航空公司和原海南航空公司中从事多年乘务工作的乘务长和乘务员参与教材的编写。

目前，我国民航服务类的专业教育呈现着多元化、多层次的办学格局，各类学校的办学模式也呈现出个性化的特点，在人才培养体系、课程设置以及课程内容等方面，各学校之间存在着一定的差异，对教材也有不同的需求。为了能够更好地满足不同办学层次、教学模式对教材的需要，本套教材主要突出以下特点。

第一，兼顾本、专科不同培养层次的教学需要。鉴于近些年我国本科层次民航服务专业办学规模的不断扩大，在教材需求方面显得十分迫切，同时，专科层面的办学已经到了规模化的阶段，完善与更新教材体系和内容迫在眉睫，本套教材充分考虑了各类办学层次的需要，本着"求同存异、个性单列、内容升级"的原则，通过教材体系的科学架构和教材内容的层次化，以达到兼顾民航服务类本、专科不同层次教学之需要。

第二，将最新实践经验和专业研究成果融入教材。服务类人才培养是系统性问题，具有很强的内在规定性，民航服务的实践经验和专业建设成果是教材的基础，本套教材以丰富理论、培养技能为主，力求夯实服务基础、培养服务职业素质，将实践层面行之有效的经验与民航服务类人才培养规律的研究成果有效融合，以提高教材对人才培养的有效性。

第三，落实素质教育理念，注重服务人才培养。习近平总书记在党的十九大报告中强调，"要全面贯彻党的教育方针，落实立德树人根本任务，发展素质教育，推进教育公平，培养德智体美全面发展的社会主义建设者和接班人"，人才以德为先，以社会主义价值观铸就人的灵魂，才能使人才担当重任，也是高校人才培养的基本任务。教育实践表明，素质是人才培养的基础，也是人才职业发展的基石，人才的能力与技能以精神与灵魂为附着，但在传统的民航服务教材体系中，包含素质教育板块的教材较为少见。根据党的教育方针，本套教材的编写考虑到素质教育与专业能力培养的关系，以及素质对职业生涯的潜在影响，首次在我国民航服务专业教学中提出专业教育与人文素质并重，素质决定能力的培养理念，以独特的视野精心打造素质教育教材板块，使教材体系更加系统，强化了教材特色。

第四，必要的服务理论与专业能力培养并重。调研分析表明，忽视服务理论与人文素质所培养出的人才很难有宽阔的职业胸怀与职业精神，其未来的职业生涯发展就会乏力。因此，教材不应仅是对单纯技能的阐述与训练指导，更应该是不淡化专业能力培养的同时，强化行业知识、职业情感、服务机理、职业道德等关系到职业发展潜力的要素的培养，以期培养出高层次和高质量的民航服务人才。

第五，架构适合未来发展需要的课程体系与内容。民航服务具有很强的国际化特点，而我国民航服务的思想、模式与方法也正处于不断创新的阶段，紧紧把握未来民航服务的发展趋势，提出面向未来的解决问题的方案，是本套教材的基本出发点和应该承担的责任。我们力图将未来民航服务的发展趋势、服务思想、服务模式创新、服务理论体系以及服务管理等内容进行重新架构，以期能对我国民航服务人才培养，乃至整个民航服务业的发展起到引领作用。

第六，扩大教材的种类，使教材的选择更加宽泛。鉴于我国目前尚缺乏民航服务专业更高层次办学模式的规范，各学校的人才培养方案各具特点，差异明显，为了使教材更适合于办学的需要，本套教材打破了传统教材的格局，通过课程分割、内容优化和课外外延化等方式，增加了教材体系的课程覆盖面，使不同办学层次、关联专业，可以通过教材合理组合获得完整的专业教材选择机会。

本套教材规划出版品种大约为四十种，分为：① 人文素养类教材，包括《大学语文》《应用文写作》《艺术素养》《跨文化沟通》《民航职业修养》《中国传统文化》等。② 语言类教材，包括《民航客舱服务英语教程》《民航客舱实用英语口语教程》《民航实用英语听力教程》《民航播音训练》《机上广播英语》《民航服务沟通技巧》等。③ 专业类教材，包括《民航概论》《民航服务概论》《中国民航常飞客源国概况》《民航危险品运输》《客舱安全管理与应急处置》《民航安全检查技术》《民航服务心理学》《航空运输地理》《民航服务法律实务与案例教程》等。④ 职业形象类教材，包括《空乘人员形体与仪态》《空乘人员职业形象设计与化妆》《民航体能训练》等。⑤ 专业特色类教材，包括《民航服务手语训练》《空乘服务专业导论》《空乘人员求职应聘面试指南》《民航面试英语教程》等。

为了开发职业能力，编者联合有关 VR 开发公司开发了一些与教材配套的手机移动端 VR 互动资源，学生可以利用这些资源体验真实场景。

本套教材是迄今为止民航服务类专业较为完整的教材系列之一，希望能借此为我国民航服务人才的培养，乃至我国民航服务水平的提高贡献力量。民航发展方兴未艾，民航教育任重道远，为民航服务事业发展培养高质量的人才是各类人才培养部门的共同责任，相信集民航教育的业内学者、专家之共同智慧，凝聚有识之士心血的这套教材的出版，对加速我国民航服务专业建设、完善人才培养模式、优化课程体系、丰富教学内容，以及加强师资队伍建设能起到一定的推动作用。在教材使用的过程中，我们真诚地希望听到业内专家、学者批评的声音，收到广大师生的反馈意见，以利于进一步提高教材的水平。

客服信箱：thjdservice@126.com。

丛　书　序

《礼记·学记》曰:"古之王者,建国君民,教学为先。"教育是兴国安邦之本,决定着人类的今天,也决定着人类的未来,企业发展也大同小异,重视人才是企业的成功之道,别无二选。航空经济是现代经济发展的新趋势,是当今世界经济发展的新引擎,民航是经济全球化的主流形态和主导模式,是区域经济发展和产业升级的驱动力。作为发展中的中国民航业,有巨大的发展潜力,其民航发展战略的实施必将成为我国未来经济发展的增长点。

"十三五"期间正值实现我国民航强国战略构想的关键时期,"一带一路"倡议方兴未艾,"空中丝路"越来越宽阔。面对高速发展的民航运输,需要推动持续的创新与变革;同时,基于民航运输的安全性和规范性的特点,其对人才有着近乎苛刻的要求,只有人才培养先行,夯实人才基础,才能抓住国家战略转型与产业升级的巨大机遇,实现民航运输发展的战略目标。经过多年民航服务人才发展的积累,我国建立了较为完善的民航服务人才培养体系,培养了大量服务民航发展的各类人才,保证了我国民航运输业的高速持续发展。与此同时,我国民航人才培养正面临新的挑战,既要通过教育创新,提升人才品质,又需要在人才培养过程中精细化,把人才培养目标落实到人才培养的过程中,而教材作为专业人才培养的基础,需要先行,从而发挥引领作用。教材建设发挥的作用并不局限于专业教育本身,其对行业发展的引领,专业人才的培养方向,人才素质、知识、能力结构的塑造以及职业发展潜力的培养具有不可替代的作用。

我国民航运输发展的实践表明,人才培养决定着民航发展的水平,而民航人才的培养需要社会各方面的共同努力。我们惊喜地看到,清华大学出版社秉承"自强不息,厚德载物"的人文精神,发挥强势的品牌优势,投身到民航服务专业系列教材的开发行列,改变了民航服务教材研发的格局,体现了其对社会责任的担当。

本套教材体系组织严谨,精心策划,高屋建瓴,深入浅出,具有突出的特色。第一,从民航服务人才培养的全局出发,关注了民航服务产业的未来发展趋势,架构了以培养目标为导向的教材体系与内容结构,比较全面地反映了服务人才培养趋势,具有良好的统领性;第二,很好地回归了教材的本质——适用性,体现在每本教材均有独特的视角和编写立意,既有高度的提升、理论的升华,也注重教育要素在课程体系中的细化,具有较强的可用性;第三,引入了职业素质教育的理念,补齐了服务人才素质教育缺少教材的短板,可谓是对传统服务人才培养理念的一次冲击;第四,教材编写人员参与面非常广泛。这反映出本套教材充分体现了当今民航服务专业教育的教学成果和编写者的思考,形成了相互交流的良性机制,势必对全国民航服务类专业的发展起到推动作用。

教材建设是专业人才培养的基础,与其服务的行业的发展交互作用,共同实现人才培养—社会检验的良性循环是助推民航服务人才的动力。希望这套教材能够在民航服务类专业人才培养的实践中，发挥更广泛的积极作用。相信通过不断总结与完善，这套教材一定会成为具有自身特色的、适应我国民航业发展要求的，以及深受读者喜欢的规范教材。

  此为序。

原海南航空公司总裁、原中国货运航空公司总裁、原上海航空公司总裁

朱益民

2017年9月

前　　言

为了推广中国手语，便于航空服务行业工作人员与聋人进行无障碍交流和提高航空服务行业工作人员的业务水平，我们学校空乘专业教师联合编写了这本教材。

本教材是一本可供广大航空服务行业工作人员学习中国手语的初级速成教材。本教材包括手语基本理论、公共服务用语、旅游交通用语、空中服务用语、机场地面服务用语、机场安全及设备用语、机场商贸用语等方面的内容。使用本教材进行短时间的培训或自学均能达到围绕航空、服务内容，与聋人进行一般交流的目的。同时，还能掌握一些手语的基本知识，为更好地进行航空服务，进一步提高业务水平及手语水平打下良好的基础。

本教材具有三个特点：一是简明通俗，书中选取的例句都是航空服务行业和日常生活中最常用的句子；二是内容丰富，涉及范围从航空机上服务到航空地面服务及日常生活中的不同场景；三是实用性强，主要针对航空服务中凸显的或极易碰到的例证进行解读。

本教材在编写过程中，参考了《中国手语》《中国手语研究》《航空服务手语》《聋人手语概论》《中国手语日常会话》等书的内容，在此一并表示感谢。

编者

CONTENTS 目录

上篇 手语基本理论 1

第一单元 手语的形成与发展 2
一、手语的概念 2
二、手语的形成 2
三、中国手语的发展 3

第二单元 民航服务手语课的意义和学习方法 9
一、开设民航服务手语课的意义 9
二、民航服务手语课的学习方法 9

第三单元 手语的基本手势和基本要求 11
一、手语表达的基本形状、位置和动作 11
二、手语表达时如何与面部表情及其他身体语言有效配合 11
三、手语表达的基本要求 12

第四单元 空中乘务人员对待残障人士的基本礼仪 13
一、与视力残疾人交往的礼仪 13
二、与听力言语残疾人交往的礼仪 14
三、与肢体残疾人交往的礼仪 15
四、对残疾人不要提供"过度"帮助 16

第五单元 航空公司关于残障人士登机的 基本规定和要求 17

下篇 手语实际操作训练 27

第一单元 地面询问 28
第二单元 购票 35
第三单元 值机柜台服务 46
第四单元 安全检查 52
第五单元 候机 58

第六单元	就餐	64
第七单元	购物	75
第八单元	交通	96
第九单元	旅游	103
第十单元	住宿	106
第十一单元	空中服务	116
第十二单元	安全须知及机上设备介绍	129
第十三单元	空中餐饮服务	139
第十四单元	CIQ	146
第十五单元	送别旅客	159

参考文献 ········· 170
附录 A　汉语手指字母图 ········· 171
附录 B　手势动作图解符号说明 ········· 172
附录 C　常用数字 ········· 174
附录 D　节日 ········· 178
附录 E　部分地名和国家名称 ········· 180
附录 F　"智学 VR"全景视频观看指南 ········· 182

上 篇

手语基本理论

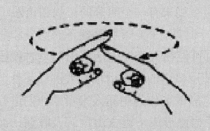
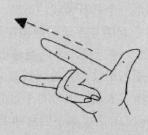

第一单元　手语的形成与发展

一、手语的概念

手语是用手势比量动作，根据手势的变化模拟形象或者音节以构成一定的意思或词语，它是有听力障碍的人（即聋人）互相交际和交流思想的一种语言，它是"有声语言的重要辅助工具"，对于有听力障碍的人来说，手语是主要的交际工具。

手语包括手指语和手势语。手指语简称指语，它是以种种手指指式代表一个个拼音字母，成为手指字母，用手指字母按拼音的顺序依次拼出词语的音节，表达意思的一种交际形式。是聋人交往的一种语言工具，也是专为聋人设计的。手势语是用手的动作、面部表情和身体姿势来表达意思而进行交际的一种语言表达形式。

手语发展经历了一个由简单到复杂，由不成熟到逐步完善，由分散到统一的过程。

手语作为一种独立的语言，同样也是一个庞大复杂的体系。全世界各个国家和地区的所有民族几乎都有听力障碍的人。只要有听力障碍的人，和听力障碍的人必然要进行交际，这种交际对于无法获取有声语言和书面文字的有听力障碍的人来说，只能依赖于手语，或者所谓的手势。由于地域、民族和文化的原因，将会延续和派生出很多种有差异的手语：美国的、法国的、意大利的……中国的有听力障碍的人之间用于交流的中国自然手语，还有由中国聋人协会编辑，1990 年 5 月由华夏出版社出版发行的《中国手语》一书予以规范的中国手语。中国自然手语中有北京手语、上海手语、山东手语、宁波手语……而手语又是无声的，仅依赖于视觉的手势、体态和表情。手语的复杂性、特殊性和局限性是不容否认的客观事实。只要研究手语，谁也不能回避这个事实。科学的态度应该是直面特殊而复杂的现实。正是手语特殊而复杂的现实，才凸显出手语研究的光荣与艰巨，才凸显出手语研究的可贵价值。

二、手语的形成

手语的形成一直以来都是一个具有争议的话题，至今尚未有一个明确的记载和论断。

有较多人认为人类语言的起源与手语的起源在同一时期，《美国手语翻译的历史和职业化》一文中有提到："有的文献记载，手语翻译很有可能在人类还生活在山洞里时就已存在，产生于第一个使用手语的山顶洞人迫切需要与使用口语的健听山顶洞人进行某种重要交流时，他们或许找来能听、能说、又能打手语的家庭成员作为中间人来帮助他们进行沟通。"如果这种说法能够成立的话，那不但意味着手语已形成于远古山顶洞人时期，而且那时还诞生了手语翻译。也有人认为，在远古时代，健听人使用简单的有声语言阶段，手势用语全人类共同拥有。随着人类的进化、语言的产生和不断地完善，手势成了聋人专用的语言。赵锡安在《中国手语研究》一书中写道："手势语是由简单的手势经过长期的演化进化而形成的，手势语的起源可以追溯到原始社会，语言的形成使健听人的手势逐步退化，而聋人借用手势进行交流逐渐固定成专用的语言。"我国人类学家方耀在《论从猿到人过渡时期》一书中论证道："因为形成中的人从猿类祖先继承下来的喉管和口部是不发达的，比手落后得多，所以手势语的发展曾遥遥领先。"

近年来国内外专家学者们取得了比较一致的看法。他们认为语言是在人类进化的某一特定历史阶段中产生的，有人推定在旧石器时代晚期，也有人认为应该在更早或更晚的时候。语言的发展经历了一个漫长的过程，它从劳动中产生，而且和工具的制作与使用有密切的关系。他们几乎一致认为在有声语言之前可能有一个使用手势语的阶段。

有文献记载的手语始于18世纪，大致有两种说法：其一，法国有一位天主教神甫莱佩（1712—1789年），他是一位聋人教育学者，他在法国巴黎创办了世界上第一所聋人学校，成为正式聋人教育的开端（创办年代有1760年、1770年、1775年多种说法）。他认为手势是聋人的自发语言和进行思维交际的唯一媒介，主张在教学中使用手语，发明法语手势符号体系，是手语教学法体系的创始人。如果此说可信，手语源于法国，那么它的历史就有200多年了。其二，在18世纪初，一个名叫爱贝的英国人发明了手语。此人是个健全人（能听会说），但他几乎用了大半生时间在英国教聋人。爱贝发明了大量的手语词汇并且教给聋人。爱贝的教学大部分是运用形象手势。例如"睡觉"的动作是先合双掌，然后放到脸的右侧，再把头向右略倾。这个动作就犹如我们平时睡觉的动作。所以我们就把它叫作形象手势。另外一个例子是"奶油"，先摊开你的左掌，然后伸出右手食指和中指形成像把刀子的形状，快速地在你的左掌上反复摩擦，这个动作就像用刀在面包片上涂奶油。在1790年，爱贝的手语教育由一位叫作艾比斯卡特的人继承和发展了。艾比斯卡特发明了字母手势A、B、C、D等。他的一些字母手势也是形象的。例如"Q"就是形象的，先将左手的拇指、食指围成圆形，然后将右手食指钩住圆形，形成了"Q"字形。但有些字母手势不完全是形象的。例如"G"，先握起双拳，然后将右拳放在左拳之上。艾比斯卡特还运用了其他方式创造手语，其中一条就是语法。他创造出一种规则来体现单句在句子中的程序和一种体现时态的规则。例如当你说过去的事情时用过去时态，你做手势的手就靠近你的身体；例如说将来的事情时，你做手势的手就与你的身体保持一定的距离，这就是他创造的规则。

200多年来，有关手语的性质、结构问题在手语研究领域内始终辩论不休，众说纷纭，莫衷一是，直到今天还是没有定论。

三、中国手语的发展

我国很早就有关于手语的记载，远在五代（公元前907—960年）冯延巳著的《昆仑奴》里就已经出现了"手语"这个词。原文是"临别，红绡立三指，又反三举，然后指胸前小镜子曰：'记取。'崔生神迷意夺，日不遑思。其家奴昆仑奴磨勒解说，立三指者，盖世贵官家有十院歌姬，此乃第三院耳。反掌三者，数十五指，以应十五日之数。胸前小镜子，十五夜月圆如镜，令郎来耶？昆仑奴磨勒助其与红绡再结良织。红绡执崔生手曰：'知郎新颖悟，必能默识，所以手语耳。'"内容是记述当时的一个盖代勋臣一品大员（书中未指名，相传为郭子仪）有一宠姬红绡，她不甘心为人妾仆，在一个偶然的机会中得遇青年后生崔生，以手语示爱，后得昆仑奴磨勒之助得脱樊笼的故事。这可以说是我国有资料可查的最早关于"手语"一词的记载了，但这里所说的"手语"，实际上是指健全人之间的打手势示意。

宋代《宋史·杨信传》则进一步证实了中国在唐代出现的"手语"一词的可信性。杨信原名义，瀛洲（今河北省河间县）人，初为宋太祖赵匡胤的裨校，后来仕途一帆风顺，恩宠日加之际，不幸患病至哑，杨信虽然说不出话，却不妨碍参与讨论、制定国策的活动，上朝或与宾客谈论时，就随身带着仆人田玉做翻译。田玉能根据他的手势，准确无误地解释出他所表达的意思。杨信患病致哑，以手势"参与讨论、制定国策"，不管所用的手势是不是今天所说的"手语"，但他确实是用"手势"表达了自己的思想和感情，并且通过田玉与外界进行了准确的交流。我们能说这不是"手语"吗？杨信的"手势"佐证了唐代出现的"手语"一词。可以说，田玉是我国历史上古文字记载的第一个真正在哑人和健全人之间进行手语翻译的翻译员。

宋代大文学家苏轼在其所著的杂文《怪石供》中，则称手语为"形语"。他在书中作了如下描述："海外有形语之国，口不能言，而相喻以形。其以形语也捷于口。"他说的是"海外"，我们也只好把它当"海外奇谈"来看待。故事的真实性如何，可以不去管它。但"形语"这个词却非常生动地显示了手语的特点。我国近代著名的语言学家陈望道，在其所著的《修辞学发凡》一书中，则称手语为"态势语"，其含义也与"形语"相近。在国外，日本人称手语为"手话"，这是专指手势语而言，对指语则称"指文字"。

清宣鼎所著《夜雨秋灯录》初集卷一《吴孝子》记录了清朝有个被称为吴孝子的聋哑人，从父亲死后，与母亲朝夕相处，以手势交谈，靠为当铺挑水度日，一拿到工钱，他立即回家交给母亲，从不私花一分钱给自己买东西吃。他虽又聋又哑，但天性聪明，能够揣测母亲心意。每天，他一定要问母亲想吃什么东西，然后去街上买回来，如"四指作拳"，即知为饼；撮指覆腕，即知为馒首；叉手成八字，即知为水角子；伸掌使水，即知为鱼；垂手如提，即知为肉之类。见人必指划，若言母食少，攒眉蹙额作忧虑状，见人又指划，将育母食多，拍掌狂笑作快活状。这是天生聋哑者用"自然手势"构成的自然手语与健全人进行交流的历史事实。

古代文献的记载只能说明手语的存在，是在自然生活中形成的一种聋哑人和健全的人之间的交流形式，并没有延伸发展并形成一种规范的教育模式而繁衍下去。

随着近代中西方文化的交流，中国手语的发展得力于西方手语的辅助和交流，并逐步形成了规范的教育模式及类别，近代中国手语的发展可分为两个部分：手指语和手势语。

1. 近代手指语的起源和发展

近代手指语起源于1887年，我国第一所聋哑学校——烟台启喑学校，创办人是美国教师查尔斯·罗杰斯·米尔斯和他的妻子梅耐德。梅耐德（1853—1929年），曾是美团罗彻斯特聋人学校教师，1884年应米尔斯之邀来中国，并与其结婚。1887年米尔斯在山东登州府（今蓬莱县）与妻子共同创办了中国第一所聋校，取名"登州启喑学馆"。1895年米尔斯去世后梅耐德主持学馆工作。1898年将学馆迁到烟台，改名为"启喑学校"，梅耐德任校长。据傅逸亭所著《手指语传入我国的经过及其沿革》一文介绍，校长梅耐德曾编了一套教材《启喑初阶》，共6册。她先用"贝尔音符"拼写汉字，再用"赖恩手势"代表"贝尔音符"，一个音符配一个指式。梅耐德就是用这种方式（手指语）教中国聋童学习鲁东方言。原四川成都明声聋哑学校（现为成都市特殊教育学校）校长罗蜀芳在她的回忆录《一生献给盲聋哑教育事业》中提到她在1932午去启喑学校师范科进修初期的见闻："……对于他们来说这是一个无声的世界，对于我来说听到的是他们"呀呀"的学语声，看到的是他们那虽说不规范，但大多由他们自己创造的丰富多彩的手势和形体动作，这是一个色彩斑斓的无声世界。他们教我学手势语，当我打错了手语，他们无情而善意地嘲笑我；当我教他们学会了一个字词，懂得了一切话的含义，彼此都得到了难以形容的欢愉。"

中国手指语的发展大概经历了三个阶段。

第一阶段是"赖恩手势"。赖恩手势是赖恩氏根据英国语言学家贝尔的视话符号制订的一种手指字母。依据贝尔字母制订的"赖恩手势"共45个。这套指式完全是"舶来品"，不是专为汉语设计的，当然不符我国方块汉字的特点。因此我国聋人中知之甚少。它只在梅耐德所编写的一套聋哑学校用的教材《启喑初阶》中试用过。梅耐德试用"贝尔音符"拼切汉字，再用"赖恩手势"代表贝尔音符，有一个音符就有一个指式，这种结合非常勉强，因此，在《启喑初阶》上也只用了31个指式来拼打"鲁东方言"，还有14个指式未用上。

第二阶段是"注音字母方式"。1918年注音字母公布以后，在我国出现了两套"注音字母手势"。一套是以"赖恩手势"为基础结合注音字母拼打的"注音字母方案"；另一套是"普通话注音符号发音指式"。以"赖恩手势"结合注音字母拼打的"注音字母方案"，又称"赖恩氏手切"，它共有34个指式，其中32个选自"赖恩手势"。这套方案基本上是从"赖恩手势"照搬过来的，只在个别地方有些改动，因此仍未能摆脱"赖恩手势"先天带来的缺陷。

为了适应教学工作的需要，1930年前后，上海的聋哑学校工作者经过长时期的酝酿、研究，重新制订了一套注音字母手势，称为"普通话校音符号发音指式"。它虽有部分脱胎于"赖恩手势"，但有了较大的改进。

第三阶段是"汉语手指字母方案"。"汉语手指字母方案"是以汉语拼音方案的音素字母为基础制订的，并且和汉语拼音逐步演进成为拼音文字的发展相结合，和以前几种手指字母的设计相比，它有以下几个优点。

（1）指式不多，只有30个，易学易记；

（2）各个指式之间差别大，角度明显，看得清楚，不会混淆；

（3）有半数以上的指式和字母图形相似，对识记字母和学习发音都有帮助；

（4）部分指式借用习惯手势和表示数目的指式，便于了解记忆；

（5）有不少指式和多数国家的拉丁字母指式相同或近似，符合国际化的原则。

"汉语手指字母方案（草案）"于1959年2月开始试行。经过长时期的实际检验和反复的"指式清晰性实验"，在做了必要的修正后，才于1963年12月29日由中央人民政府内务部（现中华人民共和国民政部）、中华人民共和国教育部和中国文字改革委员会（现国家语言文字工作委员会）联合公布施行。从此，我国聋人才有了一套我们自己结合方块汉字特点制订的手指字母。

2. 近代手势语的起源和发展

随着聋校的发展，手势语也有了相应的发展。1937年抗日战争全面爆发以后，由于战乱关系，战前发展起来的为数不多的聋校大多数停办了。教师星散，学生失学，能够坚持下来的极少数聋校也是经济困难，师资不足，设备残缺，处于风雨飘摇之中。在此情况下，口语教学已很难坚持下去，于是有些聋校就以低薪聘用聋人为教师。聋教师上了讲台，手势语就成为一种教学工具。

当时，在远离战区的地方如上海、苏州、无锡、常州、南京、杭州等城市，相继出现聋人办聋校现象。据不完全统计，在1937—1945年，全国新创建的聋校少说也有30所，其中三分之二是聋人自己创办的。聋人办聋校，教师多为聋人。他们聘的是中国早期聋校毕业的优秀学生；有的是没有进过聋校的社会青年聋人，但他们具有一定的知识水平和某种专长（如绘画），特别是他们能很快地向他们的聋友学会手语，从而具有较好的手势语。聋人教聋人，不仅在教学上有一定的优势，而且在发展手势语方面也有很大的作用。首先，聋教师上讲台是用手势语来"讲"课，这样，手势语就开始与汉语（方块字）发生了密切的关系，使手势语变成了汉语（方块字）的一种特殊的表达形式。如果说在此以前的手势只是聋校学生在课外作为交际工具，还不能确认手势语与语言文字的关系，那么，现在可以看到聋教师在讲台上把教科书上的字、词、句，用手势动作恰当地或比较恰当地表达出来，手势语的语言特性就很明显了。如果说在此以前聋校学生只能从教师的口语和手指语教学中学习语言文字，对于语言文字的含义还不能完整理解，那么，现在从教师的形象化的手势"讲解"中能够较多地理解语意字义了，手势语的语言功能也就容易明白了。聋教师在聋校教学工作中的实践说明，手势语可以作为一种有效的教学工具。这样，手势语不仅在聋校有了基础，并且在这个基础上很快发展起来了。

1945年8月至1949年10月这段时间，据可靠资料统计，新设立的聋校有20所左右，而其中由聋人办的聋校就有17所（含香港地区）。随着一些地方设立了聋校，手势语也随之发展起来。

1949年以后，国家政治稳定，经济逐步发展，人民生活改善。在中国共产党和人民政府的关心和支持下，开始兴起了残疾人福利事业，推动了残疾人的劳动就业、教育和康复工作的发展，在这样的社会条件下，中国聋人手语走上了新的发展阶段。

从1949年10月1日到1966年5月这17年，全国特殊教育学校数由不足40所发展到400余所，发展速度之快，是中国聋人教育发展历史上前所未有的事。在1956年由政府有关部门召开的一次全国性的口语教学工作会议上决定推广口语教学，手势语在聋校教学工作的地位难免受到一定程度的影响，但是政府并没有命令聋校禁止使用手势语。手势语在聋校教学上，在师生之间思想沟通方面有其直观、形象的积极作用，不是口语、手指语和书面语所能完全替代的，所以，仍然能为聋校师生使用，并且在表达语言文字能力方面有进一步的提高。

进入20世纪80年代以后，在改革开放的大好形势下，中国的聋人教育又进入一个新的阶段，全国聋校数量不断增加，到了20世纪末，聋校已发展到837所（含盲聋合校），在校学生人数约70 350人。如把普通学校聋班学生计入，则有140 000人。除九年制聋校外，还发展了高中、中专（含职校）、大专及大学本科的聋教育体制。随着聋人教育的不断发展，手势语的应用范围也就相应扩大。

《残疾人权利公约》是21世纪通过的第一个人权公约。这个公约保护了全球6.5亿残疾人，其中包括听力残疾者应有的权利。该公约中明确指出，"语言"包括口语和手语及其他形式的非语音语言，要求承认和推动手语的使用；在政府事务中允许使用手语、盲文、辅助和替代性交流方式，以及残疾人选用的其他一切无障碍交流手段、方式和模式；并要求为学习手语和宣传聋人的语言提供便利。《残疾人权利公约》还明确指出，残疾人特有的文化和语言特性，包括手语和聋文化，应当有权在与其他人平等的基础上获得承认和支持。手语的语言地位和作用已经通过《残疾人权利公约》在国际社会中获得承认和支持。

2010年，中国政府颁布实施了《中国残疾人事业"十一五"发展纲要（2006年—2010年）》，为实现残疾人人人享有康复等目标，致力于建立并逐步完善残疾人的人权保障体系，以帮助残疾人平等地参与社会生活。

据2006年4月至5月底第二次全国残疾人抽样调查的结果显示，在中国平均每100人中有6个残疾人，总数达8 296万人，占全国总人口比例的6.34%。其中，听力残疾占24.16%，约2 004.31万人；言语残疾占1.53%，约126.93万人；两者合计2 131.24万人。

有听力障碍的人属于少数群体，即使对全世界而言，有听力障碍的人在各国所占的比例都只是小部分而已。如在美国，每10万人中有203人是听障人，在加拿大，每10万人中有76人是听障人。但不管人多人少，手语始终是听障人这个"少数部落"须臾不可脱离的交际工具。

自20世纪后半叶，在我国，由华夏出版社出版《中国手语》以来，北京、天津、上海、南京、广州等许多地方的电视台相继开辟手语新闻节目，中国手语的普及和推广工作取得了长足的发展。2004年6月，在政府有关部门的支持下，上海成立了我国第一所以手语教学为特色的民办东方国际手语教育学校。2004年10月13日，上海市人民政府文明办、市总工会、团市委、市妇联、市残联、市教委、市劳动社会保障局等组成的上海市手语普及推广领导小组首次召开了联络员会议，明确了在上海普及和推广中国手语的任务。为了更好地规范手语推广工作，关注弱势群体，构建和谐社会，2005年2月上海市市残联向劳动和社会保障部门提出申请，要求建立"手语翻译员"这一新职业工种。经过一年多的努力，2006年5月，在上海第一次举行了对手语翻译员的鉴定考核，并诞生了我国第一批由劳动和社会保障部（现人力资源和社会保障部）认可颁证的手语翻译员。

2007年1月11日,国家劳动和社会保障部正式向社会发布十个新职业,其中就有众人企盼的手语翻译员。手语翻译员职业的确立是我国手语翻译职业化进程中具有里程碑意义的事件。新增的新职业手语翻译员不仅体现了政府对弱势群体的关注,而且也是社会文明程度提高的标志。新职业手语翻译员的确立,在促进无障碍交流社会环境建立的同时,为手语理论工作者对手语的研究提供了千载难逢的契机,对手语研究提出了更高的要求,把对手语理论的研究推向了一个新的水平,对照《残疾人权利公约》和《中国残疾人事业"十一五"发展纲要(2006年—2010年)》,研究手语和中国手语的意义和作用是不言而喻的。众所周知,长期以来,不少有识之士云集而至,齐心协力,同舟共济,集众人之智慧,倾拳拳之爱心,对手语潜心研究。但由于种种原因,中国手语的研究工作并没有形成系统的、长效的、科学的研究机制和研究体系,仍处于初级阶段。

第二单元　民航服务手语课的意义和学习方法

一、开设民航服务手语课的意义

手语学习具有非常重要的意义，手语学习有利于健听人与聋人的沟通。聋人由于有听力障碍，使得他们不能通过正常的方式、途径学习有声语言，这给聋人的生活学习带来了很多不便。聋人除了听力障碍以外，肢体和智力是健全的。聋人要在社会中求生存、谋发展，他们需要了解国际、国内的重大事件，了解国家的方针政策、法律法规，还需要学习科学文化知识，需要在社会上同其他社会成员建立起正常的社会关系。但聋人听不见健听人说的语言，健听人看不懂聋人的手语，因此生存和发展的要求无法满足。聋人为了生产和生活，在社会上要与聋人、健听人之间联系、沟通，这就需要有一种适当的无障碍相互交流的语言工具。手语就是这样一种可以作为共同使用、交流的语言工具，因此，聋人、障听人学习掌握手语，能够实现相互间的交流。

作为民航服务人员，如果在工作中我们遇到聋人而不会手语，就不能与聋人沟通，更谈不上为他们服务。因此，学好手语非常重要。用手语交流，不光使我们和聋人之间拉近了距离，加强了沟通，也树立了我们在聋人心中的良好形象，更能营造一个无障碍语言交流环境，从而提升社会文明程度，构建更加文明和谐的社会。

二、民航服务手语课的学习方法

1. 注意营造手语的语言环境

任何一种语言的学习都需要有一定的语言环境，离开了语言实践，靠死记硬背手势语词是无法掌握手语的。运用手语进行交往，看懂对方使用的手语，不是简单地记住手势语词就可以解决问题，需要将看到的手语转换为所能理解的汉语意思输入大脑，再经大脑反应做出应答。学习中，学生之间相互用手语谈话、经常深入聋人中间用手语与他们交谈等，在实际的手语交流环境中多实践才能更好地掌握手语。

2. 要学好手语必须学好手指语

手指语是我国手势语的一个重要组成部分。适当使用手指语可以丰富手势语的表达，使手势语的表达更严密。手势语的词类较少。如缺少量词、助词、叹词等，这些词语无法用手势表达出来，因此使手势句子不完整，这时可以用手指语来补充手势语的这些不足。此外，在和聋人沟通、交流一时没有合适的手势语能表达的词语或新词时，可以用手指音节拼打出来。还有一些专有名词、人名、地名等，用手势动作加手指字母才能表达得更清楚，才利于理解和方便使用。

3. 要掌握好手势语的基础词

基础词是词汇中的核心部分。在中国手语中，基础词是指具有使用频率高，具有组词功能的手势语词。基础词可以作为构成新词的材料，它是构成大量新词的基础，丰富着整个语言的词汇。在学习过程中首先抓住基础词来学习，基础词的手势动作要准确到位。在学习基础词的基础上，把与基础词相同的手势语词进行分类记忆，这样能帮助我们理解手势的含义，也有助于聋人学习运用手语。对基础词与新词加以区别学习，既可以便于分类，提高学习质量，同时也可提高学习效率。

4. 注重观察能力的培养

手势语具有形象、生动的特点。一个手势动作往往能反映事物最突出的特征，也能表现事物的外形或事物的动态，以及事物的某些含义或表现对刺激的反应等。因此，在拼打时要注重模仿事物的外部形态，抓住事物外部形态的主要特征。如"哭"的手势，是一手食指、中指伸出，指于两眼角处，然后向下划，反复做几次这个动作表示人对外界刺激的反应。在拼打过程中要适当配合表情和身体姿势来表达，抓住事物的主要特征。在交谈中，能用眼睛及时捕捉事物发展变化状态，能结合面部表情快速地读懂聋人的手语和理解所表达的意思。

5. 学习手语的注意事项

手语是需要练习的，并不是看看就能学会的。无论是聋青少年还是聋成人，还包括聋校教师和手语翻译工作者在内，如不经过训练，手语是不规范的，很多初学者不注意手势的细节，所谓"差之毫厘，谬以千里"，手语里很多词语的手势很相近，如果打得不标准，就很容易造成歧义，引发误会。另外，打手语要有力度、干脆、连贯，这既是手语动作的需要，也是表达情感的需要。打手语还要动嘴的原因有：第一，手语里有很多词语的手势是一样的，聋人要根据我们的口型来辨别我们想要表达的意思。第二，如果因为地域性或者是手语不熟练等原因，聋人朋友不能通过手语来明白我们要表达的意思时，可以通过看口型了解。第三，我们一边打手语一边动嘴，其实也表达了一种我们对聋人朋友的尊重。我们对待他们就像对待其他人一样，并不会因为他们有听力方面的障碍而区别对待；不要和聋人说反问句和双重否定句，与聋人交流时，表达要尽量简洁明了，避免产生歧义，聋人的思维比较直接，所以要用简单的句式来表达。

第三单元　手语的基本手势和基本要求

一、手语表达的基本形状、位置和动作

中国手语基本手势与词汇表已明确规定了中国手语基本手势动作规范，其图示中手的运动方向、位置是由图解符号进行标注的。表 3-1 为手势动作图解符号说明。

表 3-1　手势动作图解符号说明

图解符号	说明	图解符号	说明
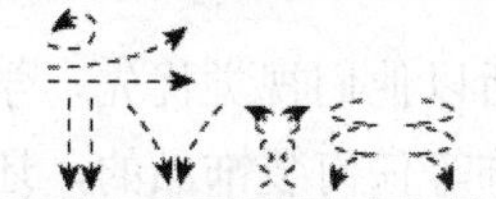	表示手势沿箭头方向移动	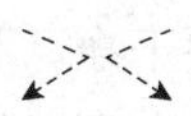	表示双手先互碰再分开
	表示手势上下（或左右、前后）反复摆动或捏动	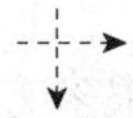	表示手以横竖方向移动
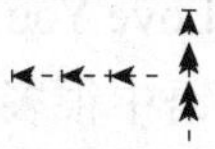	表示手势沿箭头方向一顿一顿移动		表示拇指与其他手指互捻
	表示手势沿箭头方向做波浪形（或曲线形）移动		表示五指交替抖动（或点动）几下
	表示手向上动	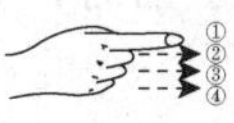	表示握拳的手按①②③④顺序依次伸出手指
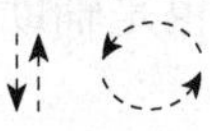	表示双手同时做反向移动		表示手臂或手指轻轻颤抖
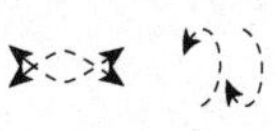	表示双手沿箭头方向，边动边绕（拧）		表示握拳或撮合的手边沿箭头方向移动边放开五指
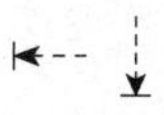	表示手势向前（或向下）一顿，或到此终止		表示手势沿箭头方向转动
	表示双手沿箭头方向，向中间靠近、接触		

注：图解符号画在动作部位前方或中央。

二、手语表达时如何与面部表情及其他身体语言有效配合

我们都知道面部表情是由眼、眉、嘴和鼻构成的，而面部表情有丰富的特征：沉着、

喜悦、愤怒、悲哀和振奋。人的面部表情、手势、身体的姿态和动作等，就是诉诸视觉的非语言形式。在手语表达时，用面部表情和身体姿态来代替语言，并且密切配合，起到传情作用。

手语是聋人的语言，它是由手势、面部表情和肢体动作等构成的稳定的表达系统，相对于一般人多种多样的肢体语言来说，手语更加具有规律性，所表达的含义也更为丰富。当聋人面部表情和身体语言有效配合时，能让人更好地理解打手语者的心理状态，有利于促进双方交流。

三、手语表达的基本要求

手语不仅是聋人的交流工具，也是健听人走进聋人世界的一把钥匙，它还是一门艺术，是用手舞动出多姿多彩的画面。随着聋人群体越来越被社会关注，越来越多的人开始学习手语。打手语的基本要求如下。

（1）手形。首先，手形要干净、利索，由于聋人丧失了听力，所以他们视觉优先，学习手语专业的人都知道，一般在翻译场合是不允许手语翻译员戴手饰等任何装饰品的，还有些服装方面的要求。

（2）手掌朝向。手语中有很多方向词，上、下、左、右、前、后等，打手语时不要将它们混淆在一块儿，比如"山"的打法，手掌朝内是"山"，朝外就是"I Love You"。

（3）位置。一般打手语时应注意位置，自然手语的打法较多，中国手语中很多都是按文字来翻译的。所以自然手语比较形象，受聋人喜欢。

（4）运动。有些人打手语时，力度特别大，每个手语都打得很重，最后下来，把自己搞得特别累。而有些人打手语时，力度很小，很柔，有些聋人就会反映说看得快打瞌睡了。

（5）表情体态。大家都看到聋人打手语时，表情特别丰富，其实表情也是辅助手语的一方面。

第四单元　空中乘务人员对待残障人士的基本礼仪

2009年4月30日，中国民用航空局运输司颁布了《残疾人航空运输办法（试行）》。该办法是我国残疾人航空运输方面的第一个规范性文件，对保护残疾人在航空运输过程中的合法权益具有重要意义。同时各航空公司也有明确的特殊旅客（病、残、孕旅客）乘机须知。

与残疾人交往的基本礼仪中最基本的原则是：平等、尊重、真诚。这是助残意识的基础。尊重是内在对人性的敬意，一种情意；外在表现为得体的礼仪。内在、诚挚、自然的真情流露非常重要。不要用"正常人"一词称呼非残疾人，一般使用"健全人"一词与残疾人相对应。对残疾人最大的尊重就是像对待健全人一样真诚、自然地与其交往。服务残疾人，沟通是非常重要的环节，要做到征求意愿，了解需求和尊重文化。征求意愿本身就是一种尊重，真诚的态度可以了解真实的需求，在尊重文化的基础上，做出恰如其分的反应，并且提供帮助或者支持。

服务各类残疾人的步骤应当是：一看、二问、三听、四助。体现在礼仪方面包括：倾听要求、征得意见、适度服务、语言尊重。

一、与视力残疾人交往的礼仪

与视力残疾人交往时，语言要有礼貌，动作行为要适当缓慢一些。

1. 与视力残疾人交谈

在距离视力残疾人一两米远时，首先应有一个声音的提示，让其知道你在附近，然后再进行交谈和帮助，语调应诚恳而平和。见到视力残疾人，切勿大声疾呼或突然向其握手和拥抱，以免使其受到惊吓。如果是和多位视力残疾人在一起，要告诉大家你是谁。注意与一位视力残疾人交谈时，要使对方明确谈话指向，表明自己正在与谁说话。当要离开时，须告知与你说话的视力残疾人。与多位视力残疾人相遇时，不仅要与相识的朋友打招呼，与不相识的朋友也要主动打招呼，离开时向所有视力残疾人打招呼。

2. 与视力残疾人握手

在握手前首先应进行语言提示；视力残疾人伸出手时，应主动相迎；当两位视力残疾人需要相互握手时，志愿者要及时引导他们的手接触。

3. 为视力残疾人引路

未经询问不要去尝试为视力残疾人士引路。引路时，要让对方扶握住你的胳膊肘部，引领他自己行走。要注意视力残疾人的习惯，首先，要询问他/她习惯扶握左边还是右边；其次，为视力残疾人引路时，要使用描述性的语言，把明眼人能看到的一切都尽量多地描述给他听。

切记不可以随意拿走视力残疾人的盲杖，或者牵引盲杖为其带路。引导视力残疾人出行时，不可随意把盲杖拿在志愿者自己的手里而试图搀扶视力残疾人前行，这样做可能令视力残疾人心生胆怯或感到不舒服。

4. 引领视力残疾人入座

注意避免使用"你坐这儿""坐那儿"这类语言，因视力残疾人看不见，对方向、位置难以把握；引领他们就座时要明确地告知他们：请坐在你的左边或右边、前面或后面的位子等，要给他们一个十分明确的指示。如果给视力残疾人让座，要把他的手轻轻放在座椅的靠背或扶手上，让他能够确定座椅的位置。

5. 帮助视力残疾人进餐

帮助视力残疾人进餐时要特别注意以下几点。
（1）先帮他们触摸到自己的碗、筷、杯、盘在什么位置。
（2）为了便于视力残疾人就餐，要根据他的需要准备餐具，例如准备一个碗和勺，这样饭菜就不会掉到桌子上。
（3）询问时，要问视力残疾人有什么忌口或者不吃什么，先帮他夹一两种菜，每次少夹一点儿，看他们吃完后，再换另一种，各种菜尽量不要搅在一起，以免影响口感；吃鸡鱼等带骨的食物时，要提醒他们注意，避免扎嘴。

6. 对低视力的残疾人提供及时帮助

低视力的残疾人虽然有一些残存的视力，但在光线昏暗的环境中，他们看不清楼梯的高度、地面的水、洗手间的标识、商店的价格标签、玻璃门等，这个时候，他们最需要空乘服务人员给予及时的帮助。

二、与听力言语残疾人交往的礼仪

与听力言语残疾人交往时，要主动为对方解释或者翻译周围发生的事情，并坦然面对听力言语残疾人的眼神。频繁地窃窃私语或者转身相背，都会让听力言语残疾人疑惑。

1. 与听力言语残疾人交谈

应微笑地提前打招呼，多注视他们的眼神和手势，如看不懂他们的手语，可进行笔谈，用语要直截了当，避免用晦涩、幽默或说反话等方式与他们交流，免得引起误解。在任何时候，诚恳的态度都是与听力言语残疾人沟通的根本。

2. 与听力言语残疾人短信交流

在当今信息时代，听力言语残疾人也在广泛地使用手机短信进行社交联络，我们给听力言语残疾人发短信时，要注意语言的言简意赅和文明礼貌用语。

3. 与听力言语残疾人手语交流

学习手语，方便与聋人朋友交流，但是请注意手语的准确性和表情的配合，比如"等一等"和"活该"的手语，打得不准确就容易造成误解；这两个词的手语所配合的表情是大不一样的，要表达"等一等"时一般面带微笑，而表达"活该"的手语时，肯定是生气、愤怒的表情。

三、与肢体残疾人交往的礼仪

为肢体残疾人提供服务时，要充分尊重对方，过分热情或者过分冷漠都是不礼貌的行为。

1. 接纳肢体残疾人

一些重度肢体残疾人，如严重的脑瘫残疾人，他们的行动或表情不协调，面对这样的服务对象，首先要接纳他们，这是一个首要的问题。我们要用善待生命的意识，欣赏他们的顽强精神，这样才能够理解他们，进而才有可能发自内心地尊重他们，并热情周到地为他们服务。

2. 与肢体残疾人交谈

与坐轮椅的残疾人交谈，如果时间超过一分钟，服务人员最好采用蹲姿与其谈话，此时双方的目光在同一水平线上。

不要倚靠肢体障碍人士的轮椅或其他辅助设备；不要拍轮椅使用者的头或者肩，用居高临下的方式向他们表示友好。这些细节都体现彼此之间的尊重。尊重他人才能赢得别人对自己的尊重。

给肢体残疾人打电话时，电话铃声要多响几声，便于对方接听。

3. 与肢体残疾人同行

架双拐的残疾人在行走或上下楼梯时，一般不必搀扶，别人的搀扶反而会让他们失去平衡，有"帮倒忙"的尴尬。

与架拐杖的朋友同行、上楼梯或乘电梯时，最好走在他们前面，不要让他们有紧迫感；如果为了方便照顾他们，也可在征求他们的意见之后，陪伴在适合的位置。

如果征得同意，尽量协助肢体残疾人提随身行李和大件行李。如果未征得同意，不要随便造访肢体残疾人的住处。

4. 帮助肢体残疾人就餐

（1）帮助失去双臂的残疾人就餐时只要询问他们需要什么餐具，忌讳直接喂他们吃东西。

（2）帮助坐轮椅或架拐杖的残疾人用自助餐时，应询问对方的需求，按照对方的要求协助取食。

四、对残疾人不要提供"过度"帮助

残疾人在长期的生活实践中，大多已经建立起了属于自己的独特的生活方式，并且可以自行处理一些日常生活中的常规事物。从这个角度来说，空乘服务人员的帮助，更多的意义是体现空乘服务人员的善意和辅助支持。所以这样的关心和帮助，需要事先征得残疾人本人的同意和配合，请他们提出具体的辅助方式，当残疾人确实不需要他人帮助时，就不要勉强，切不可"强行"出手帮助。对残疾人"过度"的关注、不断的嘘寒问暖，会挫伤对方的自尊心。

第五单元　航空公司关于残障人士登机的基本规定和要求

2015年1月，中国民航局发布最新修订的《残疾人航空运输管理办法》（以下简称《办法》），自2015年3月1日起正式施行。《办法》进一步规范了残疾人航空运输的管理和服务，保护残疾人在航空运输过程中的合法权益。修订后的《办法》共计65条，进一步合理规范了载运残疾人的人数，明确了相关部门要为残疾人提出服务需求和办理乘机手续提供方便，强调了要充分尊重残疾人安检中的隐私，完善了残疾人登机、离机的规定，新增了对残疾人到港提供协助和服务的内容，增加了对残疾人航空运输管理的要求。为防止现行《办法》中由于条款规定模糊而导致承运人对所有残疾人进行人数限制的现象出现，修订后的《办法》对没有陪伴人员但紧急撤离时需要他人协助的残疾人类别进行了明确规定。同时，基于现行《办法》中按照飞机座位数对载运残疾人人数进行规范时只设上限未设下限，从而造成部分承运人每个航班上载运残疾人人数少于规定人数的现状，修订后的《办法》对每个航班载运上述残疾人人数做了直接规定，分类简洁，便于操作。

鉴于很多残疾人因没有提前告知承运人特殊需求而被拒载，修订后的《办法》规定，承运人及销售代理人在售票处、售票网络及电话订票系统中要设置便于残疾人说明残疾状况及提出特殊需求的程序，并要求承运人及时回复残疾人能否满足其需求。在此基础上，《办法》压缩了残疾人有使用医用氧气、托运电动轮椅、携带服务犬进入客舱等需求时通知承运人提供特殊服务的时间限制，将原有在航班离站时间前的72小时缩短至48小时。《办法》还压缩了残疾人到达机场的时间，将原有提前3小时办理乘机手续缩短至截止办理乘机手续前2个小时，大大降低残疾人在机场的等候时间。

《办法》对民航部门为残疾人在到港、离港、办理乘机手续、登机、离机等各环节提供便利方面也进行了规定。要求机场要在候机楼航站楼主要入口处设置综合服务柜台，为残疾人提供相关协助服务；承运人、机场和地面服务代理人要为残疾人免费提供无障碍移动设施移动辅助设备服务，保障残疾人优先登机及错峰离机，承运人要安排在飞机前排就座的、没有陪伴人员但在紧急撤离时需要他人协助的残疾人优先离机；承运人、机场和地面服务代理人要为残疾人到港提供行李提取、引导等必要的协助和服务。

修订后的《办法》还特别强调了在安检过程中对残疾人隐私的尊重，规定机场应为残疾人设置独立、私密的安全检查空间。同时，在条件允许的情况下，要求机场设置残疾人安全检查无障碍通道。

长期以来，中国民航局高度重视保障残疾人权益，在制定政策时将无障碍内容纳入其中，2000年颁布实施了公共交通领域第一个关于无障碍建设的行业标准。2009年，在总结奥运会、残奥会航空运输保障经验的基础上，制定实施《残疾人航空运输办法（试行)》,规范了航空运输无障碍服务。随着我国经济社会发展和残疾人参与社会生活日益广泛深入,对残疾人航空运输服务工作提出了更新、更高的要求。中国残联积极配合民航局多次征求各方面意见,借鉴国际先进经验,总结我国残疾人航空运输实践做法,对《残疾人航空运输办法(试行)》进行了修订。

《办法》的发布实施,是贯彻中共十八届三中全会全面深化改革决定中"健全残疾人权益保障制度"和十八届四中全会全面推进依法治国决定中"完善残疾人合法权益保护法律法规"的具体举措,也是落实APEC领导人会议周残疾人主题《促进残疾人平等参与和融合发展的联合倡议》的具体举措。对于保障残疾人航空运输权益、促进残疾人参与社会生活、发挥行业示范作用和提升我国无障碍环境建设水平都具有重要意义。

残疾人航空运输管理办法如下。

第一章　总则

第一条　为保护残疾人在航空运输过程中的合法权益,规范残疾人航空运输的管理及服务,根据《中华人民共和国残疾人保障法》《中华人民共和国民用航空法》和有关法律、法规、规章,参照《残疾人权利国际公约》及国际惯例,制定本办法。

第二条　本办法适用于依照中华人民共和国法律设立的承运人使用民用航空器运送残疾人而收取报酬的国内、国际航空运输,或经承运人同意而办理的免费航空运输。

第三条　残疾人与其他公民一样享有航空旅行的机会,为残疾人提供的航空运输应保障安全、尊重隐私、尊重人格。

第四条　本办法中下列用语,除具体条文中另有规定外,含义如下:

(一)"残疾人"是指在心理、生理、人体结构上,某种组织、功能丧失或者不正常,全部或者部分丧失以正常方式从事某种活动能力的人。残疾人包括肢体、精神、智力或感官有长期损伤的人,这些损伤与各种障碍相互作用,可能阻碍残疾人在与他人平等的基础上充分和切实地参加社会活动,具体表现为视力残疾、听力残疾、言语残疾、肢体残疾、智力残疾、精神残疾、多重残疾和其他残疾的人。

(二)"具备乘机条件的残疾人"是指购买或持有有效客票,为乘坐客票所列航班到达机场,利用承运人、机场和机场地面服务代理人提供的设施和服务,符合适用于所有旅客的、合理的、无歧视运输合同要求的残疾人。

(三)"医疗证明"是指由医院出具的、说明该残疾人在航空旅行中不需要额外医疗协助能安全完成其旅行的书面证明。

(四)"残疾人团体"是指统一组织的人数在10人以上(含10人),航程、乘机日期和航班相同的具备乘机条件的残疾人。

(五)"服务犬"是指为残疾人生活和工作提供协助的特种犬,包括辅助犬、导听犬、导盲犬。

第五条　机场无障碍设施设备的配备应遵守《无障碍环境建设条例》,并符合民用机场航站楼无障碍设施设备配置标准的要求。

第六条　承运人、机场和机场地面服务代理人应免费为具备乘机条件的残疾人提供本办法规定的设施、设备或特殊服务。

第二章 残疾人运输人数及拒绝运输的预防

第七条 除另有规定外，承运人不得因残疾人的残疾造成其外表或非自愿的举止可能对机组或其他旅客造成冒犯、烦扰或不便而拒绝运输具备乘机条件的残疾人。

第八条 承运人拒绝为具备乘机条件的残疾人提供航空运输时，应向其说明拒绝的法律依据。

具备乘机条件的残疾人要求提供书面说明的，承运人应在拒绝运输后10日内提供。

第九条 航班上载运在运输过程中没有陪伴人员，但在紧急撤离时需要他人协助的残疾人数为：

（一）航班座位数为51～100个时，为2名；

（二）航班座位数为101～200个时，为4名；

（三）航班座位数为201～400个时，为6名；

（四）航班座位数为400个以上时，为8名；

（五）载运残疾人数超过上述规定时，应按1∶1的比例增加陪伴人员，但残疾人数最多不得超过上述规定的一倍；

（六）载运残疾人团体时，在按1∶1比例增加陪伴人员的前提下，承运人采取相应措施，可酌情增加残疾人乘机数量。

本条所述没有陪伴人员但在紧急撤离时需要他人协助的残疾人，包括使用轮椅的残疾人、下肢严重残疾但未安装假肢的残疾人、盲人、携带服务犬乘机的残疾人、智力或精神严重受损不能理解机上工作人员指令的残疾人。

除本条规定外，承运人不得以航班上限制残疾人人数为由，拒绝运输具备乘机条件的残疾人。

第十条 陪伴人员应在订座时声明陪伴关系，并单独出票。承运人应保证陪伴人员与具备乘机条件的残疾人同机旅行。

陪伴人员应有能力在旅行过程中照料残疾人，并在紧急情况下协助其撤离。

第三章 订座和购票

第十一条 承运人及其销售代理人应在其售票处、售票网络或电话订票系统中设置相应的程序，以便残疾人说明其残疾情况、所需服务及协助要求。

本规定第九条所述的残疾人应当在订座时将残疾情况、所需服务及协助要求等信息告知承运人或其销售代理人。

残疾人从销售代理人处订座的，销售代理人应及时将相关信息告知承运人。

承运人应尽快答复订座的残疾人，是否能够满足其乘机需求。

第十二条 具备乘机条件的残疾人需要承运人提供下列设备设施或服务时，应在订座时提出，最迟不能晚于航班离站时间前48小时：

（一）供航空器上使用的医用氧气；

（二）托运电动轮椅；

（三）提供机上专用窄型轮椅；

（四）为具备乘机条件的残疾人团体提供服务；

（五）携带服务犬进入客舱。

具备乘机条件的残疾人提出需求后，承运人应通过其订座系统或其他手段，确保该需求被记录，并及时传递到相关人员。

承运人应在 24 小时内答复具备乘机条件的残疾人，是否能够提供本条（一）至（四）项所需求的服务。

第十三条　具备乘机条件的残疾人已按第十二条提出需求，但由于航班取消或不能提供残疾人所要求的设备而被迫转到其他承运人的航班时，由该承运人提供残疾人向原承运人所要求的服务，原承运人应予以协助。

第十四条　承运人及其机场地面服务代理人应根据请求，向具备乘机条件的残疾人提供下列航空运输中有关设施和服务的信息：

（一）带活动扶手座位的位置，以及按照本办法规定不向具备乘机条件的残疾人提供的座位；

（二）航空器运输具备乘机条件的残疾人的能力的限制；

（三）在客舱或货舱内存放残疾人常用助残设备的限制；

（四）航空器内是否有无障碍卫生间；

（五）飞机上能够提供给残疾人的其他服务及设施。

第十五条　除以下情况外，承运人不得要求具备乘机条件的残疾人提供医疗证明：

（一）在飞行中需要使用医用氧气；

（二）承运人有合理理由认为残疾人在飞行过程中没有额外的医疗协助无法安全地完成航空旅行。

医疗证明应当在具备乘机条件的残疾人在航班离站之日前 10 日内开具。

第四章　乘机

第十六条　机场应在航站楼的主要入口处设置综合服务柜台，并设有醒目标识，为具备乘机条件的残疾人提供航班信息，协助其联系承运人、办理乘机手续或安全检查等服务。

第十七条　承运人、机场和机场地面服务代理人应保证具备乘机条件的残疾人能及时得到在航站楼或航空器上提供给其他旅客的信息，包括售票、航班延误、航班时刻更改、联程航班衔接、办理乘机手续、登机口的指定以及托运和提取行李等信息。

第十八条　除另有规定外，承运人、机场和机场地面服务代理人不得限制具备乘机条件的残疾人在航站楼内活动，或要求其留在某一特定区域。

第十九条　承运人、机场和机场地面服务代理人应当为具备乘机条件的残疾人免费提供登机、离机所需要的移动辅助设备，包括但不限于航站楼内、登机口至远机位的无障碍电动车、摆渡车以及在机场及登机、离机时使用的轮椅、机上专用窄型轮椅。

第二十条　具备乘机条件的残疾人托运其轮椅的，可使用机场的轮椅。

具备乘机条件的残疾人愿意在机场使用自己轮椅的，可使用其轮椅至客舱门。

第二十一条　具备乘机条件的残疾人在地面轮椅、登机轮椅或其他设备上不能独立移动的，承运人、机场和机场地面服务代理人按各自责任不得使其无人照看超过 30 分钟。

第二十二条　具备乘机条件的残疾人需要承运人提供第十二条或本章规定的登机、离机协助的，应在普通旅客办理乘机手续截止前 2 小时在机场办理乘机手续。

具备乘机条件的残疾人未能按第十二条要求提前通知或未按本条要求提前在机场办理乘机手续的，承运人应在不延误航班的情况下尽力提供上述服务或协助。

第二十三条　除另有规定外，承运人不得禁止具备乘机条件的残疾人在任何座位就座，或要求其在某一特定座位就座。

第二十四条　具备乘机条件的残疾人提出以下座位需求的，承运人应尽力做出安排：

（一）具备乘机条件的残疾人使用机上轮椅进入客舱后，无法进入带固定扶手的过道座位的，承运人应为其提供一个带活动扶手的过道座位或方便出入的座位；

（二）除另有规定外，承运人应为陪伴人员安排紧靠残疾人的座位；

（三）当具备乘机条件的残疾人与其服务犬同机旅行时，承运人应提供相应舱位的第一排座位或其他适合的座位；

（四）对于腿部活动受限制的具备乘机条件的残疾人，承运人应为其提供相应舱位的第一排座位或腿部活动空间大的过道座位。

第二十五条　具备乘机条件的残疾人及其服务犬应与其他旅客一样接受安全检查。

承运人、机场和机场地面服务代理人应通知具备乘机条件的残疾人在办理安检前清空随身携带的排泄袋。

第二十六条　对具备乘机条件的残疾人的助残设备进行安全检查过程中，安检人员判断该助残设备可能藏有武器或其他违禁物品的，可进行特殊程序的检查。

第二十七条　在条件允许的情况下，机场应设置残疾人安全检查无障碍通道。

第二十八条　机场应为具备乘机条件的残疾人设立独立、私密的安全检查空间。

具备乘机条件的残疾人请求私下安全检查的，安检人员应及时安排。

第二十九条　通常情况下，承运人、机场和机场地面服务代理人应安排具备乘机条件的残疾人及其陪伴人员优先登机及错峰离机。

本规定第九条所述的残疾人在飞机前排就座的，承运人应安排其优先离机。

因某种原因需减载部分旅客的，承运人应优先保证具备乘机条件的残疾人及其陪伴人员的运输。

第三十条　承运人、机场和机场地面服务代理人应尽可能安排具备乘机条件的残疾人使用廊桥登离机，并提供相应协助；在不能提供廊桥的情况下，应提供登离机协助。

登离机协助包括按需要向具备乘机条件的残疾人提供服务人员、普通轮椅、机上专用窄型轮椅、客机梯、升降设备等。

第三十一条　当不能使用廊桥或升降装置时，应以具备乘机条件的残疾人同意的可行方式提供登离机协助。

第三十二条　航班不正常时，承运人、机场和机场地面服务代理人除按相关规定做好服务工作外，还应对残疾人在以下方面予以特殊协助：

（一）及时主动提供相关信息，包括退票、签转、后续航班的安排等；

（二）指定休息区域，安排住宿时应考虑无障碍设施设备等条件；

（三）主动询问相关需求，并予以协助。

第三十三条　承运人、机场和机场地面服务代理人应当为第九条所述的残疾人到港提供行李提取、引导等必要的协助和服务。

第五章　助残设备存放

第三十四条　承运人不得将附件一规定的、具备乘机条件的残疾人带进客舱的助残设备作为随身携带物品进行限制。

客舱内有存放设施和空间的，按照先到先存放的原则办理，助残设备的存放应当符合民航局关于安保、危险品航空运输的相关规定。

客舱内没有存放设施或空间的，应将助残设备免费托运。

第三十五条　具备乘机条件的残疾人可免费托运1件附件一规定外的助残设备。

第三十六条　电动轮椅应托运，具备乘机条件的残疾人托运电动轮椅，应在普通旅客办理乘机手续截止前2小时交运，并符合危险品航空运输的相关规定。

第三十七条　承运人对托运的助残设备应拴挂行李牌，并将其中的识别联交给具备乘机条件的残疾人。

为防止丢失和损坏，承运人应将助残设备及其拆卸下的部件进行适当包装。

第三十八条　除另有规定外，承运人应在靠近客舱门的地方接受托运和交回助残设备，以便具备乘机条件的残疾人能尽可能使用自己的助残设备。

第三十九条　托运的助残设备应从货舱中最先取出，并尽快送到客舱门交给具备乘机条件的残疾人。

第四十条　具备乘机条件的残疾人提出在行李提取区取回其助残设备的，承运人应满足其要求。

第四十一条　助残设备的运输优先于其他货物和行李，并确保与具备乘机条件的残疾人同机到达。

第四十二条　承运人不得要求具备乘机条件的残疾人签署免责文件，放弃其对助残设备损坏或丢失进行索赔的权利，收运时已损坏的除外。

第六章　空中服务

第四十三条　承运人以视频方式向旅客播放安全须知时，应加注字幕或在画面一角使用手语向听力残疾人进行介绍。

承运人在客舱内播放的语音信息应以书面形式提供给听力残疾人。

第四十四条　承运人单独向具备乘机条件的残疾人介绍安全须知时，应尽可能谨慎和不引人注目。

第四十五条　承运人应在客舱内提供由具备乘机条件的残疾人要求的，或承运人提供时其接受的下列服务：

（一）协助移动到座位或从座位离开；

（二）协助做就餐准备，例如打开包装、识别食品及食品摆放位置；

（三）协助使用机上轮椅往返卫生间；

（四）协助有部分行走能力的残疾人往返卫生间；

（五）协助放置和取回随身携带物品，包括在客舱存放的助残设备。

第四十六条　不要求承运人向具备乘机条件的残疾人提供下列特别协助：

（一）协助实际进食；

（二）在卫生间内进行协助，或在旅客座位上就排泄功能方面予以协助；

（三）提供医疗服务。

第七章　服务犬

第四十七条　承运人、机场和机场地面服务代理人应允许服务犬在航班上陪同具备乘机条件的残疾人。

具备乘机条件的残疾人应负责服务犬在客舱内的排泄，并不会影响机上的卫生问题。

第四十八条　具备乘机条件的残疾人应向相关部门提供服务犬的身份证明和检疫证明。

第四十九条　带进客舱的服务犬，应在登机前为其系上牵引绳索，并不得占用座位和让其任意跑动。

承运人在征得服务犬机上活动范围内相关旅客同意的情况下，可不要求残疾人为服务犬戴上口套。

第五十条　除阻塞紧急撤离的过道或区域外，服务犬应在残疾人的座位处陪伴。

具备乘机条件的残疾人的座位处不能容纳服务犬的，承运人应向残疾人提供一个座位，该座位处可容纳其服务犬。

第八章　联程运输

第五十一条　联程运输时，交运承运人应负责为具备乘机条件的残疾人提供航班的衔接服务。

第五十二条　联程运输衔接时，自交运承运人将具备乘机条件的残疾人交给接运承运人时起，由接运承运人承担为其提供相应服务和协助的责任。

第五十三条　交运承运人航班不正常造成具备乘机条件的残疾人未能与接运承运人航班衔接的，交运承运人应负责为具备乘机条件的残疾人提供一切必要的安排和协助。

第五十四条　原接运承运人航班不正常改由另一接运承运人接运的，原接运承运人应负责为具备乘机条件的残疾人提供一切必要的安排和协助。

第九章　管理与培训

第五十五条　承运人、机场和机场地面服务代理人应根据本办法制订详细的服务方案，明确为具备乘机条件的残疾人提供相应服务的办法和程序，并以书面、网络等适当形式向社会公布。

第五十六条　承运人、机场和机场地面服务代理人需要告知的其他重要服务信息，应以具备乘机条件的残疾人容易获取的方式提供。

第五十七条　承运人应在公布的航班离站时间前24小时将残疾人需要协助的信息传至：

（一）起飞、到达和经停地的机场和机场地面服务代理人；

（二）若不是在运营承运人订座的，应以可行方式尽快将信息传递到运营承运人；

（三）联程运输时，交运承运人应将有关信息及时传递到接运承运人，并由接运承运人通知机场和机场地面服务代理人。

第五十八条　在航班起飞后，承运人应将航班上具备乘机条件的残疾人人数、残疾情况、助残设备的位置以及需要的特殊协助或服务的信息尽快通知经停地、目的地机场。

第五十九条　承运人、机场和机场地面服务代理人应当制定培训大纲，保证为残疾人提供服务的员工接受与其职责相符的下列培训和服务指导：

（一）残疾人航空运输方面的法规、政策培训；

（二）为残疾人服务的意识、心理及技巧等培训；

（三）对具备乘机条件的残疾人及其行李物品、服务犬进行安全检查方面的培训；

（四）为具备乘机条件的残疾人提供服务及协助的工作程序培训；

（五）使用及操作无障碍设施设备的培训。

第六十条　为保证知识更新和员工服务熟练程度，承运人、机场和机场地面服务代理人应在前一次培训后的36个月内进行复训。

培训记录应保存三年以上并随时接受民航主管部门的检查。培训记录应载明以下内容：

（一）受训人员姓名；

（二）最近一次完成培训的日期；

（三）培训内容；

（四）表明已通过培训考核的证据。

第六十一条　承运人应当使用本办法附件二中的表格，按年度向民航主管部门报送运输的具备乘机条件的残疾人数量及情况。

第六十二条　承运人、机场和机场地面服务代理人应每年对残疾人航空运输服务能力进行自我评估，确保持续符合民航主管部门关于残疾人航空运输服务的各项要求。

第十章　投诉处理

第六十三条　具备乘机条件的残疾人的合法权益受到损害时，可向承运人、机场和机场地面服务代理人投诉，也可向民航主管部门投诉。

第六十四条　承运人、机场和机场地面服务代理人应设立专门机构或指定专门人员负责受理残疾人投诉受理工作，对外公布投诉受理方式，并报民航主管部门备案。

第六十五条　承运人、机场和机场地面服务代理人应尽快处理残疾人投诉,并接受民航主管部门监督。

 课后讨论与思考

1. 手语是不是一种独立的语言？
2. 中国手语与别国手语是怎样的关系？
3. 手语与汉语（口语、书面语）的联系与区别都有哪些？

下 篇

手语实际操作训练

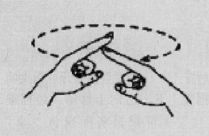 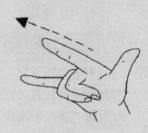 

第一单元　地面询问

重点词汇：登机牌，办理，手续，航站楼。
句子训练1：请问南方航空公司在哪儿换取登机牌？你好，在A区办理。

请

双手平伸，掌心向上，同时向一侧微移。

问

右手食指书空"？"。

南方

右手五指并拢，掌心向左，指尖朝下，置于前。

航空

一手伸拇指、食指、小指，掌心向下，向前上方做弧形移动，仿飞机外形及起飞状。

公司

（一）双手拇指、食指成公字形。
（二）一手打手指字母"S"的指式。

在

左手横伸，右手伸出拇指、小指，由上而下移至左手掌心上。

哪儿

一手伸食指，指尖朝前，下方随意指点几下。

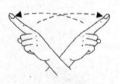

换

双手食指直立，然后左右交叉互换位置（可根据实际模仿"换"的动作）。

取

一手五指张开，指尖朝下，边向上移动，边握拳（可根据实际模仿"拿""取"动作）。

登

左手横伸，右手食指、中指叉开指尖朝下，在左手背上交替前进。

机

一手伸拇指、食指、小指，掌心向下，向前上方做弧形移动，仿飞机外形及起飞状。

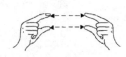

牌

双手拇食指张开，相聚约3厘米，指尖相对，由中间向两侧微拉，象征标牌。

你

一手食指指向对方。

好

一手伸出拇指。

在

左手横伸，右手伸出拇指、小指，由上而下移至左手掌心上。

A

拇指伸出，指尖向上，其余四指握拳。

区

左手拇指、食指成"匚"形；食指在"匚"形中书空"×"，仿"区"字形。

办

移双手横伸，掌心向下互拍手背。

理

移双手侧，掌心相对，然后一顿一顿向左侧移动几下。

句子训练2：请问如何办理无成人陪伴儿童的登机手续？

请

双手平伸，掌心向上，同时向一侧微移。

问

右手食指书空"？"。

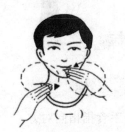

如何

（一）双手直立，掌心相对，五指弯曲，交替左右转动一下。

（二）一手打手指"H"字母的指式。

办

移双手横伸，掌心向下互拍手背。

理

移双手侧，掌心相对，然后一顿一顿向左侧移动几下。

无

一手拇指、食指、中指指尖朝上，互捻一下，然后伸开。

| 成人 | 陪伴 | 儿童 |

（一）一手平伸，掌心向下，往上缓慢移动，表示长大。

（二）双手食指搭成"人"字字形。

双手食指直立，一左一右，同时向前移动，如一个人陪着另一个人。

一手平伸，掌心向下一按（根据儿童、少年不同身高而决定手的高低）。

| 的 | 登 | 机 |

一手打手指字母"D"的指式（助词"得""地"也用此姿势）。

左手横伸，右手食指、中指叉开，指尖朝下，在左手手背上交替前进。

一手伸拇指、食指、小指，掌心向下，向前上方做弧形移动，仿飞机外形及起飞状。

手续

（一）左手横伸，右手拍左手手背一下。

（二）一手握拳，然后依次横伸出食指、中指、无名指、小指。

句子训练 3：请问安全检查口在哪儿？

请

双手平伸，掌心向上，同时向一侧微移。

问

右手食指书空"？"。

安全

（一）一手横伸，掌心向下，自胸部向下一按。

（二）一手伸出拇指，顺时针平行转一圈。

检查

双手拇指、食指、中指相捏，指尖朝下，上下交替，移动几下。

口

一手食指沿口部转一圈。

在

左手横伸，右手伸出拇指、小指，由上而下移至左手掌心上。

哪儿

一手伸食指，指尖朝下方随意指点几下。

句子训练4:请问国际航班从哪个航站楼出发?

请

双手平伸,掌心向上,同时向一侧微移。

问

右手食指书空"?"。

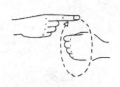

国际

左手握拳,手背向外,右手打手指字母"G"的指式,由上而下绕左拳一圈。

航班

一手伸拇指、食指、小指,掌心向下,向前上方做弧形移动,仿飞机外形及起飞状。

从

双手食指、中指搭成"从"字形。

哪

一手伸食指,指尖朝下方随意指点几下。

个

左手拇指、食指与右手食指搭成"个"字形。

航站

一手伸拇指、食指、小指,掌心向下,向前上方做弧形移动,仿飞机外形及起飞状。

楼

双手直立,掌心相对,向上移动。

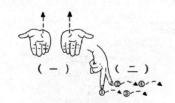

出发

（一）双手平伸，掌心向上同时向上抬起。

（二）一手食指、中指叉开，指尖朝下，一前一后交替向前移动。

第二单元　购　　票

重点词汇：单程，经济舱，特价，改签。

句子训练 1：我要买一张去北京的单程（往返）经济舱（公务舱）机票，请问多少钱？

| 我 | 要 | 买 |

一手食指指向自己。　　一手平伸，掌心向上，　　双手横伸，掌心向上，
　　　　　　　　　　　由外向内移动一下。　　右手背在左掌心上拍一下，
　　　　　　　　　　　　　　　　　　　　　　然后向里移，表示买进。

| 一 | 张 | 去 |

一手食指直立（或　　一手打字母"ZH"的　　一手伸拇指、小指，由
横伸）。　　　　　　指式，自头的一侧向下划　内向外移动。
　　　　　　　　　　一下。

| 北京 | 的 | 单程 |

右手伸食指、中指，自左肩部斜划向右腰部（此为北京当地手势）。

一手打手指字母"D"的指式（助词"得""地"也用此姿势）。

（一）一手食指直立，于胸前，再向上微微一动。
（二）双手横立，左手在后不动，右手在前，然后至左手处向前一顿一顿移动几下。

 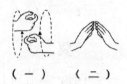 

| （往返） | 经济舱 | 公务舱 |

（一）一手伸拇指、小指，由内向外移动。
（二）一手伸拇指、小指，由外向内移动。

（一）双手拇指、食指捏成圆圈，前后交替转动几下。
（二）双手搭成"∧"形。

（一）双手拇指、食指搭成"公"字形。
（二）右手掌拍一下左肩。
（三）双手搭成"∧"形。

| 机 | 票 | 请 |

一手伸拇指、食指、小指，掌心向下，向前上方做弧形移动，仿飞机外形及起飞状。

双手拇指、食指张开，指尖相对，如车票宽度，由中间向两边微拉。

双手平伸，掌心向上，同时向一侧微移。

下篇　手语实际操作训练

| 问 | 多少 | 钱 |

右手食指书空"？"。　　一手直立，掌心向内，五指分开，手指微微抖动几下。　　一手拇指、食指相捏成圆形，微微晃动几下。

句子训练 2：好的，去北京的经济舱为 1000 元，现在特价一张 500 元。

| 好 | 的 | 去 |

一手伸出拇指。　　一手打手指字母"D"的指式（助词"得""地"也用此姿势）。　　一手伸出拇指、小指，由内向外移动。

（一）　（二）

| 北京 | 的 | 经济舱 |

右手伸食指、中指，自左肩部斜划向右腰部（此为北京当地手势）。　　一手打手指字母"D"的指式（助词"得""地"也用此姿势）。　　（一）双手拇指、食指捏成圆圈，前后交替转动几下。
（二）双手搭成"∧"形。

为	一	千
右手伸拇指、食指，指尖朝前，腕部向左转动。	一手食指直立（或横伸）。	一手食指书空"千"字。

元	现在	特
一手拇指、食指弯曲，指尖稍分开，成一个半圆形。	一手横伸，掌心向上，向上掂动两下。	左手横伸，手背向上，右手伸食指，从右手指外缘向上伸出。

价	一	张
左手拇指、食指捏成圆形，右手伸食指敲一下左手拇指。	一手食指直立（或横伸）。	一手打字母"ZH"的指式，自头的一侧向下划一下。

五	百	元
一手五指直立（或拇指直立，食指、中指、无名指、小指横伸）。	右手食指直立，从左往右挥动一下。	一手拇指、食指弯曲，指尖稍分开，成一个半圆形。

句子训练3：你好，我要退一张北京到上海的机票。

你

一手食指指向对方。

好

一手伸出拇指。

我

一手食指指向自己。

要

一手平伸，掌心向上，向前后移动一下。

退

左手平伸，掌心向上，右手伸拇指、小指，小手指尖低于左手指尖，再向后移动（可根据实际情况模仿退的动作）。

一

一手食指直立（或横伸）。

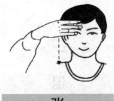

张

一手打字母"ZH"的指式，自头的一侧向下划一下。

北京

右手伸食指、中指，自左肩部斜划向右腰部（此为北京当地手势）。

到

一手伸拇指、小指，向前做弧形移动，然后向下一顿。

上海

双手握拳，小指一上一下互相勾住（原是英文字母"S"的双拼指式，上海当地手势）。

的

一手打手指字母"D"的指式（助词"得""地"也用此姿势）。

机

一手伸拇指、食指、小指，掌心向下，向前上方做弧形移动，仿飞机外形及起飞状。

票

双手拇指、食指张开，指尖相对，如车票宽度，由中间向两边微拉。

句子训练4：好的，退票要扣除手续费300元。

好

一手伸出拇指。

的

一手打手指字母"D"的指式（助词"得""地"也用此姿势）。

退

左手平伸，掌心向上，右手伸拇指、小指，小手指尖低于左手指尖，再向后移动（可根据实际情况模仿退的动作）。

| 票 | 要 | 扣除 |

双手拇指、食指张开，指尖相对，如车票宽度，由中间向两边微拉。

一手平伸，掌心向上，向前后移动一下。

左手横立，右手在左手掌心内向下刮两下。

| 手续 | 费 | 三 |

（一）左手横伸，右手拍一下左手手背。

（二）一手握拳，然后依次横伸出食指、中指、无名指、小指。

一手拇指、食指相捏成圆形，微微晃动几下。

一手中指、无名指、小指直立（或横伸）。

| 百 | 元 |

右手食指直立，从左向右挥动一下。

一手拇指、食指弯曲，指尖稍分开，成一个半圆形。

句子训练5：我的机票要改签到下午。

我

一手食指指向自己。

的

一手打手指字母"D"的指式（助词"得""地"也用此姿势）。

机

一手伸拇指、食指、小指，掌心向下，向前上方做弧形移动，仿飞机外形及起飞状。

票

双手平伸，掌心向上、同时向一侧微移。

要

一手平伸，掌心向上，向前后移动一下。

改

一手食指、中指分开并直立，由掌心向外翻转为掌心向内。

签

一手如执笔写字状。

到

一手伸拇指、小指，向前做弧形移动，然后向下一顿。

下午

右手食指直立于头部正中，然后向左侧做弧形下移，表示太阳自头顶逐渐向西落下。

句子训练6：好的，请您出示身份证和机票，为您改签到下午三点可以吗？

好

一手伸出拇指。

的

一手打手指字母"D"的指式（助词"得""地"也用此姿势）。

请

双手平伸，掌心向上，同时向一侧微移。

您

一手食指指向对方。

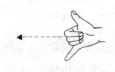

出

一手伸出拇指、小指，由内向外移动。

示

左手食指、中指横伸，右手食指在左手食指、中指书空"小"字，仿"示"字形。

身份证

（一）一手手掌贴于胸部，并向下移动一下。
（二）双手平伸，掌心向上，由两侧向中间移动，并互碰一下。

和

双手直立，五指微曲，掌心相对，由两侧向中间合拢，表示连词"和""与""同"。

机

一手伸拇指、食指、小指，掌心向下，向前上方做弧形移动，仿飞机外形及起飞状。

票	**为**	**您**
双手拇指、食指张开，指尖相对，如车票宽度，由中间向两边微拉。	右手伸拇指、食指，食指指尖朝前，腕部向右转动一下。	一手食指指向对方。

改	**签**	**到**
一手食指、中指分开并直立，由掌心向外翻转为掌心向内。	一手如执笔写字状。	一手伸拇指、小指，向前做弧形移动，然后向下一顿。
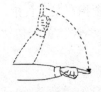		
下午	**三**	**点**
右手食指直立于头部正中，然后向左侧做弧形下移，表示太阳自头顶逐渐向西落下。	一手中指、无名指、小指直立（或横伸）。	左手侧立，右手伸拇指、食指，拇指指尖低于左手掌心，食指向下转动。

可以　　　　　**吗**

一手直立，掌心向外，然后食指、中指、无名指、小指弯曲一（或两）下。

右手食指书空"？"。

第三单元　值机柜台服务

重点词汇：托运，违禁。

句子训练1：你好！我要换登机牌。好的，请您出示身份证。

你

一手食指指向对方。

好

一手伸出拇指。

我

一手食指指自己。

要

一手平伸，掌心向上，向前后移动一下。

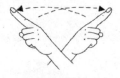

换

双手食指直立，然后左右交叉互换位置（可根据实际模仿换的动作）。

登

左手横伸，右手食指、中指叉开指尖朝下，在左手手背上交替前进。

机

一手伸拇指、食指、小指，掌心向下，向前上方做弧形移动，仿飞机外形及起飞状。

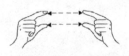

牌

双手拇指、食指张开，相距约3厘米，指尖相对，由中间向两侧微拉，象征标牌。

好

一手伸出拇指。

| 的 | 请 | 您 |

一手打手指字母"D"的指式（助词"得""地"也用此姿势）。　　双手平伸，掌心向上，同时向一侧微移。　　一手食指指向对方。

| 出 | 示 | 身份证 |

一手伸出拇指、小指，由内向外移动。　　左手食指、中指横伸，右手食指在左手食指、中指书空"小"字，仿"示"字。　　（一）一手手掌贴于胸部，并向下移动一下。
（二）双手平伸，掌心向上，由两侧向中间移动，并互碰一下。

句子训练2：我要托运三件行李。

  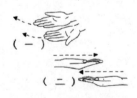

| 我 | 要 | 托运 |

一手食指指向自己。　　一手平伸，掌心向上，从前后移动一下。　　（一）双手平伸，掌心向上，同时向前上方伸出。
（二）双手横伸，掌心向上，由两侧向中间交错移动。

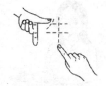 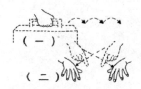

| 三 | 件 | 行李 |

一手中指、无名指、小指直立（或横伸）。

左手拇指、食指成"亻"形，右手食指书空"牛"字，仿"件"字形。

（一）一手握拳下垂做提重物状，然后顿一顿向前移动几下。

（二）双手伸食指，指尖朝下，先互碰一下，然后分别向两侧移动并张开五指。

句子训练3：您的行李超重，请您补缴费用100元。

 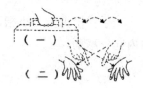

| 您 | 的 | 行李 |

一手食指指向对方。

一手打手指字母"D"的指式（助词"得""地"也用此姿势）。

（一）一手握拳下垂做提重物状，然后顿一顿向前移动几下。

（二）双手伸食指，指尖朝下，先互碰一下，然后分别向两侧移动并张开五指。

超

双手食指直立,左手不动,右手向上移动。

重

双手平伸,掌心向上,同时朝下一顿。

请

双手平伸,掌心向上,同时向一侧微移。

您

一手食指指向对方。

补

左手侧立,右手五指捏成圆形,虎口朝左贴向左手掌心。

缴

一手五指虚捏,掌心向上,边向外移动张开手。

费用

一手拇指、食指相捏成圆形,微微晃动几下,表示钱币。

一

一手食指直立(或横伸)。

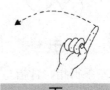

百

右手食指直立,从左向右挥动一下。

元

一手拇指、食指弯曲,指尖稍分开,形成一个半圆形。

句子训练4：您的行李中是否有违禁品？

 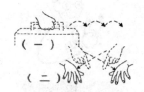

| 您 | 的 | 行李 |

一手食指指向对方。

一手打手指字母"D"的指式（助词"得""地"也用此姿势）。

（一）一手握拳下垂做提重物状，然后顿一顿向前移动几下。

（二）双手伸食指，指尖朝下，先互碰一下，然后分别向两侧移动并张开五指。

中　　　　是　　　　否

左手拇指、食指与右手食指搭成中字。

一手食指、中指相叠，由上而下挥动一下。

一手食指、中指相叠，指尖朝前上方，左右晃动两下。

有　　　　违　　　　禁

一手伸拇指、食指，掌心向上，然后食指弯动两下。

一手手掌先贴于耳部，然后翻转为掌心向外。

左手横伸，掌心向上；右手侧立，向左手掌心上切一下。

品

双手拇指、食指捏成圆形，虎口朝内，左手在上不动，右手在下从左往右移动一下，仿"品"字形。

第四单元　安全检查

重点词汇：机器，检查，配合，行李箱。

句子训练1：请您脱下外面的衣服，把手机、手提计算机、充电宝放入机器中检查。

请

双手平伸，掌心向上，同时向一侧微移。

您

一手食指指向对方。

脱

双手五指像捏，模仿脱衣动作（可根据实际情况模仿"脱"的动作）。

下

一手伸食指向下指。

外面

左手横立，右手伸食指，指尖朝下，在左手手背外向下指，表示外面。

的

一手打手指字母"D"的指式（助词"得""地"也用此姿势）。

衣服

一手拇指、食指揪一下胸前的衣服。

把

一手先打手指字母"B"的指式，然后变为握拳，并向下微移一下。

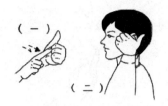

手机

（一）左手伸拇指，其他四指握拳，右手食指在左手上随意点几下，如在手机上拨号。

（二）左手姿势不变，置于耳边做"听"手机的动作。

手

左手横伸，掌心向下，右手手掌拍一下左手手背。

提

一手握拳下垂，手背微曲，向上提起（可根据实际情况模仿"提"的动作）。

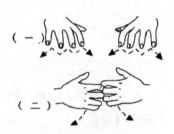

计算机

（一）双手平伸，掌心向下，五指交替灵活点动，如敲击计算机键盘状。

（二）双手手背朝外，五指弯曲，食指、中指、无名指、小指关节交错相触，并向下转动一下。

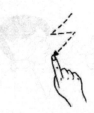

充电

一手做"彡"形挥动。

宝

用字母"B"手指字母来表示。

放

双手虚握,虎口朝上,然后同时张开五指,掌心向下(表示"放东西"的意思,可用一只手打手势)。

入

一手伸拇指、小指,指尖朝内向里移动。

机器

双手五指弯曲,食指、中指、无名指、小指关节交替相触,并转动几下,如机器齿轮转动。

中

左手拇指、食指与右手食指搭成"中"字形。

检查

双手拇指、食指、中指相捏,指尖朝下,上下交替移动几下。

句子训练 2：先生（女士）您好，请配合检查，打开双臂，转身。

先生

一手伸拇指，其余四指弯曲，贴于胸部。

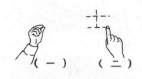

女士

（一）右手拇指、食指捏一下耳垂。
（二）一手食指书空"士"字。

您

一手食指指向对方。

好

一手伸出拇指。

请

双手平伸，掌心向上，同时向一侧微移。

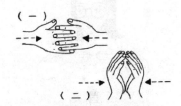

配合

（一）双手横立，五指分开，由两侧向中间移动并互相交叉夹住。
（二）双手直立，五指微曲，掌心相对，由两侧向中间合拢

检查

双手拇指、食指、中指相捏，指尖朝下，上下交替移动几下。

打

一手握拳，向前挥动一下（可根据实际模仿"打"的动作）。

开

双手并排直立，掌心向外，然后向内转动 90 度，掌心相对（可根据实际情况模仿"开"的动作）。

双

一手食指、中指先分开直立，然后并拢。

臂

左手横伸，屈肘握拳，右手手掌自上而下摸一下左手手臂。

转

双手伸食指，指尖相对一上一下，相距约10厘米，然后交替做平面转动（可根据实际模仿"转"的动作）。

身

双手掌心向内，贴于胸部，向下微移，表示身体。

句子训练3：请您配合我的检查，打开行李箱。

请

双手平伸，掌心向上，同时向一侧微移。

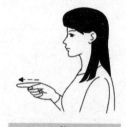

您

一手食指指向对方。

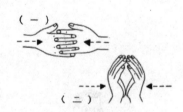

配合

（一）双手横立，五指分开，由两侧向中间移动并互相交叉夹住。

（二）双手直立，五指微曲，掌心相对，由两侧向中间合拢。

下篇　手语实际操作训练

我

一手食指指向自己。

的

一手打手指字母"D"的指式（助词"得""地"也用此姿势）。

检查

双手拇指、食指、中指相捏，指尖朝下，上下交替移动几下。

打

一手握拳，向前挥动一下（可根据实际模仿"打"的动作）。

开

双手并排直立，掌心向外，然后向内转动90度，掌心相对（可根据实际情况模仿"开"的动作）。

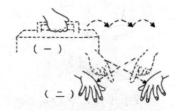

行李箱

（一）一手握拳下垂做提重物状，然后顿一顿向前移动几下。

（二）双手伸食指，指尖朝下，先互碰一下，然后分别向两侧移动并张开五指。

57

第五单元　候　机

重点词汇：通知，天气、起飞、晚点。
句子训练1：请问飞机能准时起飞吗？

请

　　双手平伸，掌心向上，同时向一侧微移。

问

　　右手食指书空"？"。

飞机

　　一手伸拇指、食指、小指，掌心向下，向前上方做弧形移动，仿飞机外形及起飞状。

能

　　一手直立，掌心向外，然后食指，中指，无名指，小指弯曲一下或两下。

准

　　左手食指直立，右手侧立，指尖对准左手食指。

时

　　左手侧立，右手伸拇指，食指、拇指指尖低于左手掌心，食指向下移动。

| 起飞 | 吗 |

左手横伸,掌心向上;右手伸拇指、食指、小指,掌心向下,向前上方做弧形移动,仿飞机外形及起飞状。

右手食指书空"?"。

句子训练2:由于天气(雷、雨、大雾、大雪)原因,飞机可能晚点。

| 由于 | 天气 | 雷 |

(一)左手伸拇指,右手食指碰一下左手拇指尖。

(二)左手食指、中指横伸,右手食指在左手食指、中指中间书空"I",仿"于"字形。

(一)一手食指直立,在头前上方转动一圈。

(二)一手打手指字母"Q"的指式,指尖朝内置于鼻孔处。

一手食指先指耳部,然后做"彡"形移动,同时五指放开,象征雷声震耳。

| 雨 | 大 | 雾 |

一手五指微曲分开,指尖朝下,上下快速移动几下,表示雨点落下。

双手侧立,掌心相对,同时向两侧移动,幅度要大一些。

一手直立,掌心向外,五指张开,在眼前转几圈,表示重雾迷目。

	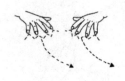	
大	雪	原因
双手侧立，掌心相对，同时向两侧移动，幅度要大一些。	双手平伸，掌心向下，五指分开，边交替点动边向斜下方缓缓下降，如雪花飘落之状。	（一）一手拇指、食指捏成小圆形，"圆"同"原"同音，借代。 （二）一手食指书空"？"。

飞机	可能	晚点
一手伸拇指，食指、小指，掌心向下，向前上方做弧形移动，仿飞机外形及起飞状。	一手直立，掌心向外，然后食指、中指、无名指、小指弯曲一下或两下。	（一）左手侧立，右手五指伸出，拇指尖底抵于左手掌心，其他四指向下转动，表示时间已迟。 （二）左手横伸，五指虚捏，手背向上，右手食指指一下左手腕。

句子训练3：您乘坐的飞机班次就要起飞，请带好个人物品，到一号登机口登机。

您	乘	坐
一手食指指向对方。	左手横伸，右手伸拇指、小指，置于左手掌心上，双手同时向右侧移动一下。	左手横伸，右手伸拇指、小指，置于左手掌心上（可根据实际坐的动作模仿）。

的

一手打手指字母"D"的指式（助词"得""地"也用此姿势）。

飞机

一手伸拇指、食指、小指，掌心向下，向前上方做弧形移动，仿飞机外形及起飞状。

班次

（一）左手直立，掌心向右，五指分开，右手伸拇指，贴于左手掌心。

（二）一手打手指字母"C"的指式。

就

左手横伸，掌心向上，右手打手指字母"J"的指式，然后贴向左手掌心。

要

一手平伸，掌心向上，向前后移动一下。

起飞

左手横伸，掌心向上；右手伸拇指、食指、小指，掌心向下，向前上方做弧形移动，仿飞机外形及起飞状。

请

双手平伸，掌心向上，同时向一侧微移。

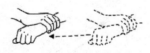

带

左手虚握，手背向上，右手抓住左手腕并向一侧移动。

好

一手伸出拇指。

个

左手拇指、食指与右手食指搭成"个"字形。

人

双手食指搭成"人"字形。

物品

（一）双手伸食指，互碰一下，再向两侧移动并张开五指。

（二）双手拇指、食指捏成圆形，虎口朝内，左手在上不动，右手在下从左向右移动一下，仿"品"字形。

到

一手伸拇指、小指，向前做弧形移动，然后向下一顿。

一

一手食指直立（或横伸）。

号

一手直立，五指微曲，虎口贴于嘴边。

登

左手横伸，右手食指、中指叉开，指尖朝下，在左手背上交替向上迈进。

机

一手伸拇指、食指、小指，掌心向下，向前上方做弧形移动，仿飞机外形及起飞状。

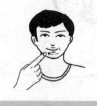

口

一手食指沿着口部转一圈。

登	机
左手横伸，右手食指、中指叉开，指尖朝下，在左手背上交替向上迈进。	一手伸拇指、食指、小指，掌心向下，向前上方做弧形移动，仿飞机外形及起飞状。

第六单元　就　　餐

重点词汇：预定，菜谱，结账。
句子训练 1：欢迎光临，您几位？

欢	迎	光临
双手鼓掌。	双手平伸，掌心向上，同时向一侧微移。	一手掌向下，向内挥动一下。

您	几	位
一手食指指着对方。	一手直立，掌心向内，五指分开，手指微微抖动几下。	左手横伸，右手伸拇指位置于左手掌心上。

句子训练2：请坐那边靠窗的位置，好吗？

请坐　　　　　　　那边　　　　　　　靠窗

（一）双手平伸，掌心向上，同时向一侧微移。
（二）左手横伸，右手伸出拇指、小指，移至左手掌心上。

一手伸食指，指尖朝外指点两下（根据实际场合确定手指的方向）。

（一）左手伸拇指，右手食指先直立，再靠向左手拇指。
（二）双手并排直立，掌心向外，右手不动，左手左右移动两下，如推拉窗开合状。

的　　　　　　　　位置　　　　　　　好

一手打手指字母"D"的指式（助词"得""地"也用此姿势）。

左手横立，右手伸出拇指，置于左手掌心上，表示所在的位置。

一手伸出拇指。

吗

右手食指书空"？"。

句子训练3：我们提前预订了包间。

我们	提前	预

（一）一手食指指向自己。
（二）一手横伸，掌心向下，在胸前顺时针平行转半圈。

双手横伸，手背相贴，左手在下不动，右手向上提起。

左手伸拇指，右手伸食指，敲一下左手拇指。

订	了	包

左手横伸，右手中指、无名指、小指指尖朝下在左手掌心上点一下。

一手食指书空"了"字。

左手握拳，右手五指包住，左拳并向下转动一下。

间

双手搭成"∧"形，如屋顶状。

句子训练4：请看菜谱点菜。

| 请 | 看 | 菜 |

双手平伸，掌心向上，同时向一侧微移动。　　一手食指、中指分开，指尖朝前，从眼部向前移动一下。　　一手五指撮合，指尖朝上，边向上移动边张开五指。

| 谱 | 点 | 菜 |

左手横伸，掌心向上，右手中指、无名指、小指在左手掌心上从上向下点几下。　　左手平伸，右手食指在左手掌心上点一下。　　一手五指撮合、指尖朝上，边向上移动边张开五指。

句子训练5：先给你们上壶茶（啤酒、果汁、可乐、咖啡、矿泉水）。

| 先 | 给 | 你们 |

左手伸拇指，右手伸食指点一下左手拇指尖。　　一手指五指虚握，掌心向上，边向外移动边张开手，如给别人东西。　　（一）一手食指指对方。
（二）一手横伸，掌心向下，在胸前顺时针平伸转半圈。

上　　　　　　　　**壶**　　　　　　　　**茶**

　　一手伸食指，向上指。

　　一手伸拇指、小指，小指弯曲，模仿茶壶倒水状（如按聋人的表达习惯可省略"壶"）。

　　左手五指虚捏成半圆形，虎口向上，右手拇指食指撮合，然后边朝左手半圆形移动边张开，如向杯中放茶叶状。

 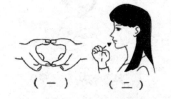 

啤酒　　　　　　　**果汁**　　　　　　　**可乐**

　　（一）左手成半圆形，右手五指微曲，指尖朝下置于左手虎口，然后五指边微微抖动边向上移动，如啤酒的泡沫。

　　（二）一手打手指字母"J"的指式，放在嘴边，做喝酒状。

　　（一）双手拇指、食指搭成圆形。

　　（二）一手虚握做喝的动作。

　　（一）一手直立，掌心向外，然后食指、中指、无名指、小指弯曲一（或两）下。

　　（二）双手横伸，掌心向上，在胸前上下交替动几下。

咖啡

左手虚握如拿杯子状，右手打字母"K"的指式，中指对准左手虎口做搅拌动作。

矿泉水

（一）一手打手指字母"K"的指式。

（二）左手横伸，掌心向下，右手五指撮合，指尖沿左手边伸出，同时敞开五指，如泉水向上喷出。

（三）一手横伸，掌心向下，向一侧做波纹状移动。

句子训练6：我们要一只北京烤鸭，请快点儿上菜。

我们

（一）一手食指指向自己。

（二）一手横伸，掌心向下，在胸前顺时针平行转半圈。

要

一手平伸，掌心向上，向前后移动一下。

一

一手食指直立（或横伸）。

只	北京	烤
左手拇指和食指相捏，右手食指书空"八"，仿"只"字。	右手伸食指、中指，自左肩部斜划向右腰部（此为北京当地手势）。	左手横伸，掌心向下，右手五指弯曲，掌心向上，在左手掌心下，上下动几下。

鸭	请	快点儿
一手拇指、食指、中指捏成尖形，手部贴于嘴部，指尖开合几下，仿鸭的嘴。	双手平伸，掌心向上，同时向一侧微移。	右手拇指、食指捏成小圆圈，从右向左快速划动。

上	菜
一手食指向上指。	一手五指撮合，指尖朝上，边向上移动边张开五指。

句子训练7：请拿些餐巾纸来。

| 请 | 拿 | 些 |

双手平伸，掌心向上，同时向一侧微移。

一手五指张开，指尖朝下，边向上移动边握拳，如拿东西状。

一手五指直立，掌心向外，从拇指起依次弯曲五指。

| 餐巾 | 纸 | 来 |

（一）一手伸食指、中指做吃饭动作。

（二）双手食指划"◇"形。

双手五指相捏，指尖朝下，腕部微微晃动几下。

一手掌心向下，向内挥动一下。

句子训练8：菜的味道怎么样？不错（酸、甜、生、咸、辣）。

| 菜的 | 味道 | 怎么样 |

（一）一手五指撮合，指尖朝上，边向上移动边张开五指。

（二）一手打手指字母"D"的指式。

一手拇指、食指相捏在嘴前捻动，表示有滋味。

（一）双手平伸，掌心向上，由中间向两侧微移一下。

（二）双手拇指、食指成"L"形，置于脸部两侧，上下交替移动几下。

不　一手直立，掌心向外，左右摆动几下。

错　一手食指、中指分开，在额前由掌心向外翻转为掌心向内。

酸　一手拇指、食指相捏置于口边，腮向内缩，眉微蹙，如尝到酸味的表情。

甜　一手食指指腮部，同时以舌头顶住腮部凸起，如嘴里含一块糖。

生　一手打字母"SH"和"NG"的指式。

咸　一手打首字母"X"的指示，并在嘴前上下活动，脸上露出尝到咸味的表情。

辣　一手五指微曲，指尖对着嘴部，然后手指向前张开，嘴微张，脸露尝到辛辣味的表情。

句子训练 9：主食要米饭（面条、饼、饺子、包子、点心）。

主食　　　　　　　　　要　　　　　　　　　米饭

（一）一手伸拇指贴于胸部。
（二）一手拇指、食指捏成圆形，送至口边做吃东西状。

一手平伸，掌心向上，由内向外移动一下。

（一）一手拇指、食指相对，中指留有米粒大小距离。
（二）一手伸食指、中指做吃饭动作。

面条　　　　　　　　　饼　　　　　　　　　饺子

（一）一手打手指字母"M"的指式。
（二）一手伸食指、中指，由胸部向嘴边提，如筷子夹吃面条状。

双手拇指、食指弯曲搭成大圆形，虎口向上，如饼的外形。

双手拇指、食指相捏，左手在下不动，右手在上边捏边移动，如捏合饺子动作。

包子　　　　　　　　　点心

左手横伸，右手五指朝下张开，掌心上揪一下再提起，如做包子动作。

左手横伸，五指微曲，掌心向上，右手拇指、食指捏成小圆圈置于左手掌心上，然后放在嘴边，做咬的动作。

句子训练10：结账吧，要发票。

结账吧

要

发票

（一）双手横立，五指交叉在一起。
（二）双手直立，掌心向内，手指交替点动，同时双手互碰一下。

一手平伸，掌心向上，由内向外移动一下。

双手横伸，掌心向上，指尖相对，左手不动，右手向下翻转，如撕发票状。

句子训练11：洗手间（厕所）在哪里？

洗手

间

厕所

双手互搓，如擦肥皂状。

双手搭成"∧"形，如屋顶状。

一手拇指、食指弯曲，其他三指直立，表示英文"厕所"单词的缩写"WC"。

在

哪里

左手横伸，右手伸出拇指、小指，由上而下移至左手掌心上。

一手伸食指，指尖朝前下方随意指点几下。

第七单元 购 物

重点词汇：特产，折扣，调换，推荐，选择。
主题一　服装店
句子训练1：你想买什么？

你	想	买
一手食指指向对方。	一手伸食指，在太阳穴处转动两下，面露思考神态。	双手平伸，手心向上，在一手掌心上拍打一下，然后向里移，表示买进东西。

什么

双手伸开，掌心向下，然后翻转为掌心向上。

句子训练2：我随便看看。

我	随便	看看
一手食指指向自己。	一手食指、中指伸直，两指交替在胸前活动几下。	一手伸食指、中指，从眼部向前微伸一下。

句子训练3：请拿那件短大衣。

请	拿	那
双手平伸，掌心向上，同时向一侧微移。	一手五指张开，指尖朝下，边向上移动边捏拳，如拿东西状。	一手伸食指，指尖朝外指点两下（根据实物场合确定手指的方向）。

件	短	大
左手拇指、食指成"亻"形，右手食指书空"牛"字，仿"件"字形。	双手食指直立，指面相对，由两侧向中间移动。	双手侧立，掌心相对，同时向两侧移动，幅度要大些。

衣

一手拇指、食指揪一下胸前的衣服。

句子训练4：请问穿多少号的？

请

双手平伸，掌心向上，同时向一侧微移。

问

右手食指书空"？"。

穿

模仿穿衣的具体动作（穿鞋、穿袜、穿针引线等均模仿具体动作）。

多少

一手直立，掌心向内，五指分开，手指微微抖动几下。

号

一手直立，五指微曲虎口贴于嘴边。

的

一手打手指字母"D"的指式（助词"得""地"也用此姿势）。

句子训练5：要什么颜色的？

要

什么

颜色

一手平伸，掌心向上，由内向外移动一下。

双手伸开，掌心向下，然后翻转为掌心向上。

一手四指紧贴嘴唇，指尖轻动几下。

的

一手打手指字母"D"的指式（助词"得""地"也用此姿势）。

句子训练6：可以试试吗？

可以

试试

吗

一手五指伸直，指尖向上，然后拇指不动，其余四指弯动几下。

一手食指、中指直立并分开，掌心向内，在眼前交替点动几下，表示试试看之意。

右手食指书空"？"。

句子训练7：试衣间在那。

| 试衣间 | 在 | 那 |

（一）同试试手势。
（二）一手拇指、食指揪一下衣服。
（三）双手搭成"∧"形，如屋顶状。

一手伸出拇指、小指，坐于另一手掌心上。

一手食指向外（方向灵活）指点两下。

句子训练8：多少钱？

多少　　　钱

一手直立，掌心向内，五指分开，手指微微抖动几下。

一手拇指、食指相捏成圆形，微微晃动几下。

句子训练9：现在有什么折扣吗？

现在　　　　有　　　　什么

一手平伸，掌心向上，横于腰部，上下颠动两下。

一手拇指、食指伸直，拇指不动，食指弯动几下。

双手伸开，掌心向下，然后翻转为掌心向上。

折	扣	吗
左手直立，掌心向外，右手食指直立贴于左手掌心上，然后从上往下移动。	左手拇指、小指捏成小圆圈，右手伸食指敲一下左手拇指。	右手食指书空"？"。

句子训练 10：今天所有商品打 8 折。

今天	所有	商品
双手伸开，掌心向上，横于胸前，上下微动，表示"就是现在"的意思。	（一）双手五指并拢微曲，指尖相触，掌心相对，从上向下作弧形移动，变成手腕相挨，表示全部。（二）一手拇指、食指伸直，拇指不动，食指向内弯动几下。	（一）双手掌心向上，在胸前交互转圈子，表示"买卖"之意。（二）双手拇指、食指捏成小圆圈，一手不动，一手左右移动一下，成"品"字。

打	8 折
一手握拳，向前挥动一下（可根据实际模仿打的动作）。	（一）一手伸拇指、食指，手背向内（或向外）。（二）一手打手指字母"ZH"的指式。

句子训练 11：商品如果有问题可以退换。

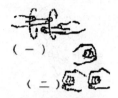

商品

（一）双手掌心向上，在胸前交互转圈子，表示"买卖"之意。

（二）双手拇指、食指捏成小圆圈，一手不动，一手左右移动一下，成"品"字。

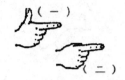

如果

（一）一手打手指字母"R"的指式。

（二）一手打手指字母"G"的指式。

有

一手拇指、食指伸直，拇指不动，食指弯动几下。

问题

右手食指伸出，先书空问号上半部"?"形，再向前一指。

可以

一手五指伸直，指尖向上，然后拇指不动，其余四指弯动几下。

退换

（一）左手平伸，掌心向上，右手伸拇指、小指，小指尖抵于左手指尖，再向后移动。

（二）双手食指交叉移动，表示"换""调换"。

句子训练 12：请问可以刷卡吗？

请

双手平伸，掌心向上，同时向一侧微移。

问

右手食指伸出，先书空问号上半部"?"形，再向前一指。

可以

一手五指伸直，指尖向上，然后拇指不动，其余四指弯动几下。

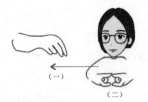

刷卡

（一）右手拇指、食指相捏，掌心向下，模仿拿银行卡的样子，横着刷两下。

（二）双手拇指、食指张开，指尖相对，如银行卡宽度。

吗

表情是疑问式的。眼睛看着对方，眉微扬，希望得到对方的回复（或：右手食指书空"?"）。

主题二　水果店

句子训练 1：桃子多少钱一斤？5 元一斤。

桃子

（一）打手指字母"T"的指式。

（二）双手拇指、食指指尖相搭成桃的形状。

多少

一手五指分开，指尖向上，手指微微抖动几下，表示"数量""多少"之意。

钱

一手拇指、食指捏成小圆形向外微动几下。

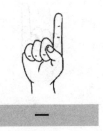 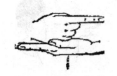

| 一 | 斤 | 5 |

一手食指直立（或横伸）。

一手打出手指字母"G"的指式，置于另一手掌心上，并向下一沉。

五指全部伸出。

 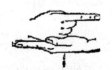

| 元 | 一 | 斤 |

一手拇指、食指捏成一个较大的圆形。

一手食指直立（或横伸）。

一手打出手指字母"G"的指式，置于另一手掌心上，并向下一沉。

句子训练2：你能让我看一下这罐头吗？

| 你 | 能 | 让 |

一手食指指向对方。

一手五指伸直，指尖向上，然后拇指不动，其余四指弯动几下。

双手掌心向上，左右微动几下，上身略俯，表现谦虚待人的样子。

我
一手食指指向自己。

看
一手伸食指、中指，从眼部向前微伸。

一
一手食指直立（或横伸）。

下
一手伸出食指向下指。

这
一手食指向下指点两下。

罐头
左手虚握成半圆形，虎口向上。右手伸食指、中指并拢沿左手虎口作半圆形转动，如开罐头动作。

吗
右手食指书空"？"。

句子训练3：这西瓜甜吗？

这
一手食指向下指点两下。

西瓜
一手如托西瓜状，放于耳边近处。另一手虚拍几下，如在辨别西瓜的好坏。

甜
一手食指点两下鼓起的腮部，与"糖"的手势相同。

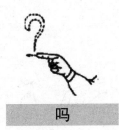

| 吗 |

右手食指书空"？"。

句子训练 4：我买 3 斤葡萄？

| 我 | | 买 | | 3 |

一手食指指向自己。　　双手平伸，手心向上，一手在另一手掌心上拍打一下，然后向里移，表示买进东西。　　一手伸出中指、无名指、小指，拇指、食指弯曲。

| 斤 | | 葡萄 |

一手打出手指字母"G"的指式，置于另一手掌心上，并向下一沉。　　左手拇指、食指、中指相捏如提物状。右手拇指、食指捏成小圆形，在左手上随意点几下。

主题三　便利店

句子训练 1：请问这个是哪里的特产？

|请|问|这个|

双手平伸，掌心向上，同时向一侧微移。

右手食指伸出，先书空问号上半部"?"形，再向前一指。

（一）一手食指向下指点两下。

（二）左手拇指、食指与右手食指搭"个"字形。

  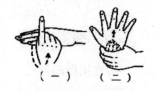

|是|哪里的|特产|

一手食指、中指相搭，并点动一下。

一手食指指尖向外，作波纹状移动几下。

（一）左手横伸，手背向上；右手伸食指，从左手小指外缘向上伸出。

（二）左手成半圆形，虎口朝上；右手五指摄合，指尖朝上，边从左手虎口内伸出，边放开五指。

句子训练2：请问这个是绿茶还是红茶？

请

双手平伸，掌心向上，同时向一侧微移。

问

右手食指伸出，先书空问号上半部"?"形，再向前一指。

这个

（一）一手食指向下指点两下。

（二）左手拇指、食指与右手食指搭"个"字形。

是

一手食指、中指相搭，并点动一下。

绿

一手打手指字母"L"的指式，再打手指字母"U"的指式，手指前后振动两下，一甩，如向杯中放茶叶。

茶

一手五指虚握成半圆形，虎口向上。另一手拇指、食指、中指撮合，向半圆形中一甩，如向杯中放茶叶状。

还是

（一）左手食指横伸，拇指、中指相捏，边向左侧移动，边伸出中指。

（二）右手食指、中指相叠，由上而下挥动一下。

红

一手打手指字母"H"的指式，并摸摸嘴唇。嘴唇是红色的，以此表示"红"。

茶

一手五指虚握成半圆形，虎口向上。另一手拇指、食指、中指撮合，向半圆形中一甩，如向杯中放茶叶状。

句子训练 3：北京烤鸭多少钱一只？

北京

右手伸食指、中指，自左肩部斜划向右腰部（此为北京当地手势）。

烤

左手横伸，掌心向下，右手五指弯曲，掌心向上，在左手掌心下，上下动几下。

鸭

一手拇指、食指、中指捏成尖形，手部贴于嘴部，指尖开合几下，仿鸭的嘴。

多少

一手五指分开，指尖向上，手指微微抖动几下，表示"数量""多少"之意。

钱

一手拇指、食指捏成小圆形向外微动几下。

一

一手食指直立（或横伸）。

只

左手拇指和食指相捏，右手食指书空"八"字，仿"只"字。

句子训练 4：请给我介绍洗发水，都有什么品牌？

请

双手平伸，掌心向上，同时向一侧微移。

给

一手五指虚握，掌心向上，向外伸出，张开手掌，如把物品归还给别人。

我

一手食指指向自己。

介绍

一手拇指、食指与另一手食指、中指搭成"介"字形，向外稍移，表示向人介绍。

洗发

单手或双手五指分开，在头上做洗头动作。

水

一手横伸，掌心向下，向一侧做波纹状移动。

都有

（一）双手五指微曲，自上向下做弧形移动。

（二）一手伸拇指、食指，掌心向上。

什么

双手伸开，掌心向下，然后翻转为掌心向上。

品牌

（一）双手拇指、食指捏成圆形，左手在上不动，右手在下连打两次，仿"品"字形。

（二）双手拇指、食指张开，相距约 3 厘米，指尖相对，由中间向两侧微拉，象征标牌。

主题四　化妆品与箱包介绍
句子训练1：我想买一支口红，你能推荐吗？

 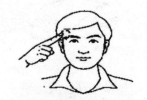

我	想	买
一手食指指向自己。	一手伸食指，在太阳穴处转动两下，面露思考神态。	双手平伸，手心向上，一手在另一掌心上拍打一下，然后向里移，表示买进东西。

一	只	口
一手食指直立（或横伸）。	左手拇指和食指相捏，右手食指书空"八"字，仿"只"字。	一手食指沿口部转一圈。

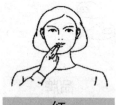 

红	你能	推荐
一手打手指字母"H"的指式，并摸摸嘴唇。	（一）一手食指指向对方。 （二）一手五指伸直，指尖向上，然后拇指不动，其余四指弯动几下。	（一）一手掌心贴于另一手拇指，向前一推。 （二）左手拇指、食指与另一手食指、中指搭成"介"字形，向外稍移，表示向人介绍。

吗

右手食指书空"？"。

句子训练2：您喜欢什么颜色的？这是色卡您看看。

您   **喜欢**   **什么**

一手食指指向对方。

一手拇指、食指微曲，指尖朝颌处点两下，同时头向下微点两下。

双手伸开，掌心向下，然后翻转为掌心向上。

  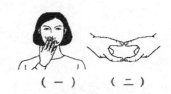

颜色   **这是**   **色卡**

一手四指紧贴嘴唇，指尖轻动几下。

（一）一手食指向下指点两下。

（二）一手食指、中指相搭，并点动一下。

（一）一手五指分开，掌心向内，在嘴唇处交替点动几下。

（二）双手拇、食指搭成"[ ]"形。

您	看看
一手食指指向对方。	一手伸食指、中指,从眼部向前微伸一下。

句子训练3:我想买一个手提包。

我	想	买
一手食指指向自己。	一手伸食指,在太阳穴处转动两下,面露思考神态。	双手平伸,手心向上,一手在另一手掌心上拍打一下,然后向里移,表示买进东西。

一	个	手提
一手伸出食指,其余四指弯曲。	左手拇指、食指与右手食指搭成"个"字形。	一手握拳下垂,手臂微曲,向上提起(可根据实际模仿"提"的动作)。

包

双手平伸，掌心向上，然后交替翻动，手背相叠，如包物品状。

句子训练4：这是所有的手提包，您可以从中选择。

这是	所有	的

（一）一手食指向下指点两下。

（二）一手食指、中指相搭，并点动一下。

（一）双手五指并拢微曲，指尖相触，掌心相对，从上向下做弧形移动，变成手腕相挨，表示全部。

（二）一手拇指、食指伸直，拇指不动，食指向内弯动几下。

一手打手指字母"D"的指式（助词"得""地"也用此手势）。

手提	包	您

一手握拳下垂，手臂微曲，向上提起。

双手平伸，掌心向上，然后交替翻动，手背相叠，如包物品状。

一手食指指向对方。

| 可以 | 从中 | 选择 |

一手五指伸直，指尖向上，然后拇指不动，其余四指弯动几下。

（一）双手食指，中指，形成"从"字形。
（二）左手拇指、食指与右手食指搭成"中"字形。

左手直立，掌心向内，五指分开；右手拇指、食指先捏一下左手食指，然后向上一提。

句子训练5：这是什么做的？是牛皮吗？是的。

| 这是 | 什么 | 做的 |

（一）一手伸食指，指尖朝下指点一下。
（二）一手食指、中指相叠，由上而下挥动一下。

双手伸开，掌心向下，然后翻转为掌心向上。

双手握拳，上拳打下拳。

| 是 | 牛皮 | 吗 |

一手食、中指相搭，并点动一下。

一手伸出拇指、小指，拇指抵于太阳穴附近，小指尖向上，如牛角状。

右手食指书空"？"。

是　　　　　　　的

一手食指、中指相搭，并点动一下。　　一手打手指字母"D"的指式（助词"得""地"也用此手势）。

第八单元 交 通

关键词：保管，时刻表，查询。
句子训练1：有去北京的火车票吗？

有

一手拇指、食指伸直，拇指不动，食指弯动几下。

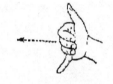

去

一手拇指、小指伸直，由内向外移动。

北京

右手伸食指、中指，自左肩斜划向右腰部。

的

一手打手指字母"D"的指式（助词"得""地"也用此手势）。

火车

左手食指、中指伸直平放，象征铁轨，右手食指、中指弯曲如钩，指尖在左手食指、中指上向前移动，象征火车在轨道上行驶。

票

双手拇指、食指张开，指尖相对，向两边微拉，如车票大小。

吗

右手食指空书"？"。

句子训练 2：我订 2 张单程硬座票。

我

一手食指指向自己。

订

左手横伸，右手中指、无名指、小指指尖朝下，在左手掌心上指一下。

2

一手伸出食指、中指，其余三指弯曲。

张

一手打手指字母"ZH"的指式，自头的一侧向下划一下。

单程

（一）一手食指直立，贴于胸前，在向上微微一动。

（二）双手横立，左手在后不动，右手在前，然后从左手处向前一顿一顿移动几下。

硬座

（一）左手伸出食指，右手拇指、食指捏住左手食指尖并扳动几下，但左手食指仍不弯曲。

（二）双手拇指、小指先靠在一起，然后分别向两侧一顿一顿移动几下。

票

双手拇指、食指张开，指尖相对，向两边微拉，如车票大小。

句子训练3：请把身份证给我。

| 请 | 把 | 身份 |

　　双手平伸，掌心向上，同时向一侧微移。　　一手先打手指字母"B"的指式，然后变为握拳，并向下微移一下。　　一手手掌贴于胸部，并向下移动一下。

| 证 | 给 | 我 |

　　双手平伸，掌心向上，由两侧向中间移动，并互碰一下。　　一手五指虚握，掌心向上，边向外移动边张开手，如给别人东西。　　一手食指指向自己。

句子训练4：乘车时请保管好自己的物品。

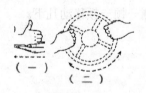 

| 乘车 | 时 | 请 |

　　（一）左手横伸，右手伸拇指、小指置于左掌心上，并向左侧移动一下。

　　（二）双手虚握，并左右转动几下，如握方向盘状。

　　左手侧立，右手伸拇指、食指，拇指指尖低于左手掌心，食指向下转动。

　　双手平伸，掌心向上，同时向一侧微移。

保	管	好
双手斜伸，掌心向下按一下。	右手掌拍一下左肩部。	一手伸出拇指。

自己	的	物品

一手食指指尖向上，贴于胸前。

一手打手指字母"D"的指式（助词"得""地"也用此手势）。

（一）双手食指指尖朝前，先相互碰一下，再分开并张开五指。

（二）双手拇指、食指捏成圆形，左手在上不动，右手在下连打两次，仿"品"字。

句子训练5：请问机场大巴的时刻表哪里可以查询？

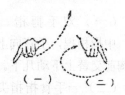

请	问	机场

双手平伸，掌心向上，同时向一侧微移。

右手食指空书"？"。

（一）一手伸拇指、小指，掌心向下，向前上方作弧形移动，象征飞机外形及起飞状。

（二）一手食指向下画一个大圈圈，表示机场范围。

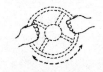

大巴

一下双手虚握,并左右转动几下,如握方向盘状。

的

一手打手指字母"D"的指式(助词"得""地"也用此手势)。

时刻

左手侧立,右手拇指、食指指尖低于左手掌心,食指向下转动。

表

双手五指分开,一横一竖搭成方格形,然后左手不动,右手向下移动。

哪里

一手食指指尖向外,作波纹状移动几下。

可以

一手五指伸直,指尖向上,然后拇指不动,其余四指弯动几下。

查询

(一)双手拇指、食指、中指相捏,手背向上,在胸前交替上下动几下。

(二)一手食指指尖放在嘴前,向前点两下。

句子训练6：这里有直达火车站的地铁吗？

| 这里 | 有 | 直达 |

一手食指向下指点两下。

一手拇指、食指伸直，拇指不动，食指弯动几下。

一手侧立，向前移动一下。

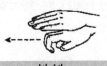

| 火车站 | 的 | 地铁 |

左手食指、中指分开，指尖朝前，右手食指、中指弯曲，指背抵在左手食指、中指上，并向前移动，如火车行驶。

一手打手指字母"D"的指式（助词"得""地"也用此手势）。

左手平伸，掌心向下，右手食指、中指弯曲如钩，手背向上，并向前移动。

吗

一手食指书空"？"。

句子训练7：出租车到哪里去乘坐？

| 出租车 | 到 | 哪里 |

左手平伸，手背翘起成"∧"形，右手五指成"⊃"形，虎口朝上置于左手手背上，然后左手向前移动一下。

一手伸拇指、小指，向前做弧形移动，然后向下一顿。

一手食指指尖向外，作波纹状移动几下。

去	乘坐
一手伸拇指、小指,由内向外移动。	左手指横伸,右手伸拇指、小指置于左掌心上,并向右侧移动一下。

句子训练8:到天安门还有几站?

到	天安门	还
一手伸拇指、小指,向前做弧形移动,然后向下一顿。	(一)一手食指直立,在头前方转一圈然后食指弯动两下。(二)一手横伸,掌心向下,自胸部向下一按。(三)双手五指并拢,掌心向外,并排直立。	右手伸出食指,从右边向左侧移动,边伸出中指。

有	几	站
一手伸拇指、食指,掌心向上,然后食指弯动两下。	一手五指分开,指尖向上,手指微微抖动几下。	左手横伸,右手食指、中指分开立于左手掌心上。

第九单元　旅　　游

关键词：准备，周末，自助游，参加。
句子训练1：周末准备去哪儿玩？

　　周末　　　　　　准备　　　　　　　去

　（一）左手食指直立，　双手横伸，掌心向下，　一手伸拇指、小指，由
右手伸拇指、食指、中指在　右手掌边拍左手背，边向左　内向外移动。
左手食指尖上点一下。　侧移动。

　（二）左手小指横伸，
右手伸食指敲一下左手
小指。

　　哪儿　　　　　　玩

　一手伸食指、指尖朝前　双手伸拇指、小指，顺
下方随意指点几下。　时针平行交替转动几下。

句子训练2：我去钓鱼。

 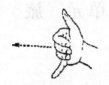 

| 我 | 去 | 钓鱼 |

一手食指指向自己。　　一手拇指、小指伸直，由内向外移动。　　左手食指弯曲，指尖朝上，在前；右手食指指尖朝前，在后，然后双手同时向上移动，如钓鱼动作。

句子训练3：星期日去海南。

 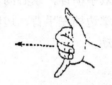 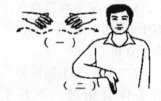

| 星期日 | 去 | 海南 |

左手直立，掌心向外，手打"七"，移向左手掌心。　　一手拇指、小指伸直，由内向外移动。　　（一）双手横伸，掌心向下，同时向两侧做波浪形移动。

（二）右手五指并拢，掌心向左，指尖朝下，置于腹前。

句子训练4：自助游还是参加旅行团？

| 自助 | 游 | 还是 |

（一）一手食指直立，贴于胸部。
（二）双手斜伸，掌心向外，然后同时向下按动一下。

右手直立，掌心向内，在面前转一圈，象征风光景色。

（一）右手食指横伸，拇指、中指相捏，边向左侧移动，边伸出中指。
（二）右手食指、中指相叠，由上而下挥动一下。

| 参加 | 旅行 | 团 |

左手直立，掌心向左，右手伸出拇指、小指，向左手掌心靠拢，表示加入一个行列的意思。

（一）一手伸拇指、小指，顺时针平行转动一圈。
（二）右手直立，掌心向内，在面前转一圈，象征风光景色。

双手五指并拢弯曲，相互握住。

第十单元 住　宿

重点词汇：住宿，押金，填写，登记。
句子训练1：我们要住宿，有房间吗？

　　　我们　　　　　　　要　　　　　　　住宿

（一）一手食指指向自己。
（二）一手横伸，掌心向下，在胸前顺时针平行转一圈。

一手平伸，掌心向上，由内向外移动一下。

一手手掌贴于头侧，头微倾，闭眼做睡觉状。

　　　有　　　　　　　房间　　　　　　　吗

一手伸拇指、食指，掌心向上，然后食指弯动两下。

双手搭成"∧"形，如屋顶状。

右手食指书空"？"。

句子训练2：有单人间、标准间还有豪华间。

有

一手伸拇指、食指，掌心向上，然后食指弯动两下。

单

一手食指直立，贴于胸前，在向上微微一动。

人

双手食指搭成"人"字形。

间

双手搭成"∧"形，如屋顶状。

标准

左手食指直立，右手侧立，指尖对准左手指。

间

双手搭成"∧"形，如屋顶状。

还

右手食指横伸，拇指、中指相捏，边向左侧移动，边伸出中指。

有

一手伸拇指、食指，掌心向上，然后食指弯动两下。

豪

双手伸拇指，边抖动边向上移。

华

一手五指撮合,指尖朝上,张开五指。

间

双手搭成"∧"形,如屋顶状。

句子训练3:房间内有中央空调,24小时供热水。

房间

双手搭成"∧"形,如屋顶状。

内

左手横立,右手食指直立,在左手掌内由上向下移动。

有

一手伸拇指、食指,掌心向上,然后食指弯动两下。

中

左手拇指、食指与右手食指搭成"中"字形。

央

左手横伸,掌心向上,右手伸出拇指,置于左手掌心上。

空调

左手横伸,五指分开,右手平伸插入左手食指、中指缝内,五指交替抖动,同时嘴做吹风动作。

| 24 | 小时 | 供 |

（一）一手食指、中指直立并分开，然后弯动两下。

（二）一手食指、中指、无名指、小指直立（或横伸）。

（一）一手拇指、小指指尖相捏。

（二）左手侧立，右手伸拇指、食指，指尖抵于左手掌心，食指向下转动。

双手平伸，掌心向上，同时向前伸出。

| 热 | 水 |

双手横伸，五指微曲，掌心向上，由腹部慢慢移至胸部。

一手横伸，掌心向下，向一侧做波纹状移动。

句子训练4：一个床位一天80元，这是房卡，先交押金100元。

| 一 | 个 | 床位 |

一手食指直立（或横伸）。

左手拇指、食指与右手食指搭成"个"字形。

双手食指、小指直立，中指无名指与手掌成直角，指尖相触，拇指自然弯曲，仿"床"的形状。

一天

（一）一手食指直立，（或横伸）。

（二）右手伸食指，指尖朝右，然后向左做弧形移动至左肩前。

80元

（一）一手伸拇指、食指，手背向内或向外，指尖弯动两下。

（二）一手拇指、食指弯曲，指尖稍分开，形成一个半圆形。

这是

（一）一手伸食指，指尖朝下指点一下。

（二）一手食指、中指相叠，由上而下挥动一下。

房

双手搭成"∧"形，如屋顶状。

卡

双手拇指、食指张开，指尖相对，如房卡宽度。

先

左手伸拇指，右手伸食指拉一下左手拇指尖。

交

双手并排平伸，掌心向上，同时向前伸出。

押金

（一）左手横伸，掌心向下，右手握拳置于左手背上。

（二）一手拇指、食指捏成圆形，微微晃动几下。

100元

（一）一手食指直立，从左到右挥动一下。

（二）一手拇指、食指弯曲，指尖稍分开成一个半圆形。

句子训练 5：退房请在第 2 天中午 12 点前办理。

退

左手平伸，右手伸拇指、小指，小指指间抵于左手指尖，然后向腕部移动。

房

双手搭成"∧"形，如屋顶状。

请

双手平伸，掌心向上，同时向一侧微移。

在

左手横伸，右手伸出拇指、小指，由上而下移至左手掌心上。

第

左手伸拇指，右手伸食指碰一下左手拇指指尖。

2 天

（一）右手食指、中指直立（或横伸）。

（二）右手伸食指，指尖朝右，然后向左做弧形移动至左肩前。

中午

一手食指、中指相叠，指尖朝上，手背向内置于头前，然后边转动手腕分开食指、中指。

12

（一）一手食指、中指相叠。

（二）一手食指和中指直立。

点

右手食指点一下左手手腕部。

| 前 | 办 | 理 |

一手平伸，掌心向内，向肩后挥动一下。

双手横伸，掌心向下，互拍手背。

双手侧立，掌心相对，然后一顿一顿向左侧移动几下。

句子训练6：住宿请出示身份证，填写登记表。

| 住宿 | 请 | 出示 |

一手掌心贴于头侧，头微倾，闭眼如睡觉状。

双手平伸，掌心向上，同时向一侧微移。

（一）一手伸拇指、小指，由内向外移动。

（二）左手食指、中指横伸，右手食指在左手食指、中指下书空"小"字，仿"示"字形。

| 身份证 | 填写 | 登记表 |

（一）一手手掌贴于胸部，并向下移动一下。

（二）双手平伸，掌心向上，由两侧向中间移动，并互碰一下。

（一）左手侧立，右手五指捏成圆形，虎口朝左贴向左手掌心。

（二）一手拇指、食指、中指相捏，如执铅笔写字状。

（一）左手横伸，右手中指、无名指、小指指尖朝下，在左手掌心上点一下，表示登记姓名。

（二）双手五指分开，一横一竖搭成方格形，然后左手不动，右手向下移。

句子训练 7：在大厅总服务台办理结账手续。

在

左手横伸，右手伸出拇指、小指，由上而下移至左手掌心上。

大

双手侧立，掌心相对，同时向两侧移动。

厅

左手拇指、食指成"厂"形，右手在"厂"形中书空"丁"字，仿"厅"字形。

总

双手五指微曲，掌心向下，边向上移动边双手靠拢并撮合五指。

服务

（一）一手手掌贴于耳边，头向前微倾。
（二）右手拍一下左肩。

台

双手平伸，掌心向下，由中间向两侧平移，再折而向下。

办

双手横伸，掌心向下，互拍手背。

理

双手侧立，掌心相对，然后一顿一顿向左侧移动几下。

结

双手横伸，五指交叉在一起。

账

双手直立,掌心向内,手指交替点动,同时双手互碰一下。

手续

(一)左手横伸,右手拍一下左手手背。

(二)一手握拳,然后依次横伸出食指、中指、无名指、小指。

句子训练8:贵重物品在前台保管。

贵

一手拇指、食指捏成圆形,其他手指伸出,向外晃动几下,表示钱多,引申为"贵"。

重

双手平伸,掌心向上,同时朝下一顿。

物

双手伸食指,互碰一下,再向两侧移动并张开五指。

品

双手拇指、食指捏成圆形,虎口朝内,左手在上不动,右手在下由左向右移动一下,仿"品"字形。

在

左手横伸,右手伸出拇指、小指,由上而下移至左手掌心上。

前

一手平伸,掌心向内,向肩后挥动一下。

台	保	管
双手平伸，掌心向下，由中间向两侧平移，再折而向下。	双手斜伸，掌心向下按一下。	右手手掌拍一下左肩部。

句子训练9：有事请找楼层服务员。

有	事	请
一手伸拇指、食指，掌心向上，然后食指弯动两下。	一手食指、中指相叠，指尖朝上。	双手平伸，掌心向上，同时向一侧微移。

找	楼层	服务员
一手食指、中指分开，指尖朝前，在前面一侧向另一侧移动，目光随之移动。	（一）双手直立，掌心相对，向上移动。 （二）左手直立掌心向右，右手五指成"冂"形，指尖抵于左手掌心，并一顿一顿向上移。	（一）一手手掌贴于耳部，头向前倾。 （二）左手拍一下左肩。 （三）右手拇指、食指捏成小圆圈，贴于左胸部。

第十一单元　空中服务

重点词汇：座位，靠窗，乘坐，旅客，紧急出口。
句子训练1：早（上午/中午/下午）安，您好！欢迎登机！

早

右手横伸，五指撮合，手背向上移动并逐渐张开五指，表示早晨太阳初升，天色由暗转明。

上午

左手食指横伸，指尖朝右，然后做弧形移动直到食指直立，表示太阳逐渐升到头顶。

中午

一手食指、中指相叠，指尖朝上，手背向内置于头前，然后边转动手腕，边分开食指、中指（即数字"十"和"二"两个手势）表示时钟12点。

下午

右手食指直立于头部正中，然后向左侧做弧形下移，表示太阳从头顶逐渐向西落下。

安

一手横伸，掌心向下，自胸部向下一按。

您

一手食指指向对方。

好	欢	迎
一手伸出拇指。	双手鼓掌。	双手平伸，掌心向上，同时向一侧微移。

登	机
左手横伸，右手食指、中指叉开指尖朝下，在左手背上交替向上迈进。	一手伸拇指、食指、小指，掌心向下，向前上方做弧形移动，仿飞机外形及起飞状。

句子训练2：请出示您的飞机票。

 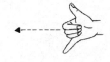 

请	出	示
双手平伸，掌心向上，同时向一侧微移。	一手伸出拇指、小指，由内向外移动。	左手食指、中指横伸，右手食指在左手食指、中指书空"小"字，仿"示"字形。

您	的	飞机
一手食指指向对方。	一手打手指字母"D"的指式（助词"得""地"也用此姿势）。	一手伸拇指、食指、小指，掌心向下，向前上方做弧形移动，仿飞机外形及起飞状。

票

双手拇指、食指张开，指尖相对，如车票宽度，由中间向两边微拉。

句子训练3：您的座位号是3C，在靠窗的位置。

您	的	座位号
一手食指指向对方。	一手打手指字母"D"的指式（助词"得""地"也用此姿势）。	左手横立，右手伸出拇指，置于左手掌心上，表示所在的位置。

是

一手食指、中指相叠，由上而下挥动一下。

3

一手伸出中指、无名指、小指，拇指、食指弯曲。

C

拇指在下，向上弯曲，其余四指并齐，向下弯曲，相对成"C"形，虎口朝里。

在

左手横伸，右手伸出拇指、小指，由上而下移至左手掌心上。

靠窗的

（一）左手伸拇指，右手食指先直立，再靠向左手拇指。

（二）双手并排直立，掌心向外，右手不动，左手左右移动两下，如推拉窗开合状。

位置

左手横立，右手伸出拇指，置于左手掌心上，表示所在的位置。

句子训练4：我们要飞多长时间，大概什么时间到？

我们

（一）一手食指指向自己。

（二）一手横伸，掌心向下，在胸前沿顺时针方向平行转半圈。

要

一手平伸，掌心向上，从前往后移动一下。

飞

一手伸拇指、食指、小指，掌心向下，向前上方做弧形移动，仿飞机外形及起飞状。

| 多 | 长 | 时间 |

一手直立，掌心向内，五指分开，手指微微抖动几下。　　双手食指直立，指面相对，从中间向两侧拉开。　　左手侧立，右手伸拇指、食指，拇指指尖抵于左手掌心，食指向下转动。

| 大概 | 什么 | 时间 |

一手平伸，五指分开，掌心向下，手腕左右微转几下，面露推测的神态（此为国际手语）。　　双手伸开，掌心向下，然后翻转为掌心向上。　　左手侧立，右手伸拇指、食指，拇指指尖抵于左手掌心，食指向下转动。

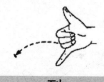

| 到 |

一手伸拇指、小指，向前做弧形移动，然后向下一顿。

句子训练 5：我们空中飞行时间为 2 小时，大概下午 5 时到上海。

我们

空

中

（一）一手食指指向自己。

（二）一手横伸，掌心向下，在胸前沿顺时针方向平行转半圈。

左手横伸，右手侧立，然后从左手掌心上刮过，表示手中空空。

左手拇指、食指与右手食指搭成"中"字。

飞

行

时间

双手侧伸，小臂抬起，掌心向下，扇动两下（可根据实际模仿飞的动作）。

双手握拳屈肘，前后交替转动几下。

左手侧立，右手伸拇指、食指，拇指指尖抵于左手掌心，食指向下转动。

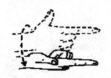

为

2

小时

右手伸拇、食指，食指指尖朝前，腕部向右转动一下。

一手食指、中指直立或横伸。

（一）一手拇指、小指指尖相捏。

（二）左手侧立，右手伸拇指、食指，拇指指尖抵于左手掌心，食指向下转动。

121

大概

一手平伸，五指分开，掌心向下，手腕左右微转几下，面露推测的神态。

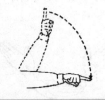

下午

右手食指直立于头部正中，然后向左侧做弧形下移，表示太阳从头顶逐渐向西落下。

5

五指全部伸出。

时

左手侧立，右手伸拇指、食指，拇指指尖抵于左手掌心，食指向下转动。

到

一手伸拇指、小指，向前做弧形移动，然后向下一顿。

上海

双手握拳，小指一上一下互相勾住（原是英文字母"S"的双拼指式，上海当地手势）。

句子训练6：我们很快就要起飞了，请您快点儿在您的座位坐好，扣好安全带。

我们

（一）一手食指指向自己。
（二）一手横伸，掌心向下，在胸前沿顺时针方向平行转半圈。

很

一手食指横伸，拇指指尖抵于食指根部，然后向下一顿。

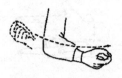

快

左手拇指、食指相捏成小圆形，从右往左快速划动，如流星一般，象征速度快（可根据实际情况模仿）。

就	要	起飞
左手横伸，掌心向上，右手打手指字母"J"的指式，然后贴向左手掌心。	一手平伸，掌心向上，从前往后移动一下。	一手伸拇指、食指、小指，掌心向下，向前上方做弧形移动，仿飞机外形及起飞状。

了	请	您
一手食指书空"了"字。	双手平伸，掌心向上，同时向一侧微移。	一手食指指向对方。

快点儿	在	您
右手拇指、食指捏成小圈圈，从右向左快速划动。	左手横伸，右手伸出拇指、小指，由上而下移至左手掌心上。	一手食指指向对方。

| 的 | 座位 | 坐 |

一手打手指字母"D"的指式（助词"得""地"也用此姿势）。

左手横立，右手伸出拇指，置于左手掌心上，表示所在的位置。

左手横伸，右手伸拇指、小指，置于左手掌心上（可根据实际坐的动作模仿）。

| 好 | 扣 | 好 |

一手伸出拇指。

左手成半圆形，虎口朝上，右手掌心向下，盖向左手虎口处（可根据实际动作模仿）。

一手伸出拇指。

 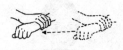

| 安全 | 带 |

（一）一手横伸，掌心向下，自胸部向下一按。

（二）一手伸出拇指，沿顺时针方向平行转一圈。

左手虚握，手背向上，右手抓住左手腕并向一侧移动。

句子训练7：请把您的手提包放在前排座椅下方。

请

双手平伸，掌心向上，同时向一侧微移。

把

一手先打手指字母"B"的指式，然后变为握拳，并向下微移一下。

您

一手食指指向对方。

的

一手打手指字母"D"的指式（助词"得""地"也用此姿势）。

手提

（一）左手横伸，掌心向下，右手手掌拍一下左手手背。

（二）一手握拳下垂，手臂微曲，向上提起（可根据实际情况模仿提的动作）。

包

双手平伸，掌心向上，然后交替翻动，手背相叠，如包物品状（可根据实际动作模仿）。

放

双手虚握，虎口朝上，然后同时张开五指，掌心向下（表示"放东西"的意思，可用一只手打手势）。

在

左手横伸，右手伸出拇指、小指，由上而下移至左手掌心上。

前

一手伸食指，向正前方指一下。

排

双手直立，五指分开，一前一后排成一列。

座椅

左手横立，右手伸出拇指，置于左手掌心上，表示所在的位置。

下方

一手食指向下指。

句子训练8：欢迎您乘坐东方航空公司航班。

欢

双手鼓掌。

迎

双手平伸，掌心向上，同时向一侧微移。

您

一手食指指向对方。

乘

左手横伸，右手食指、中指叉开指尖朝下，在左手背上交替向上迈进。

坐

左手横伸，右手伸拇指、小指，置于左手掌心上（可根据实际模仿坐的动作）。

东方

右手横立，指尖朝右，这是根据地图上北、下南、左西、右东的习惯（以打手语者面对地图为准）制定。

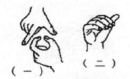 

航空	公司	航班

一手伸拇指、食指、小指，掌心向下，向前上方做弧形移动，仿飞机外形及起飞状。

（一）双手拇指、食指呈"公"字形。

（二）一手打手指字母"S"的指式。

（一）一手伸拇指、食指、小指，掌心向下，向前上方做弧形移动，仿飞机外形及起飞状。

（二）一手打手指字母"C"的指式。

句子训练9：各位旅客，紧急（逃跑）出口位于飞机的前部、中部、后部。

各位	旅客	紧急（逃跑）

（一）一手食指直立，向一侧一顿一顿移动几次。

（二）左手横伸，右手伸拇指，置于左手掌心上。

（一）一手伸拇指、小指，顺时针平行转动一圈。

（二）双手平伸，掌心向上，同时向一侧移动一下。

左手横伸，掌心向下，右手伸出拇指、小指，手背向上，从左手掌心下迅速穿过。

出	口	位

一手拇指、小指，由内向外移动。

一手食指沿口部转一圈。

左手横立，右手伸出拇指，置于左手掌心上，表示所在的位置。

| 于 | 飞机 | 的 |

左手食指、中指横伸并分开,右手食指在左手两指上书空"J",仿于字形。

一手伸拇指、食指、小指,掌心向下,向前上方做弧形移动,仿飞机外形及起飞状。

一手打手指字母"D"的指式(助词"得""地"也用此姿势)。

| 前部 | 中部 | 后部 |

(一)一手伸食指,向前方指一下。
(二)一手打手指字母"B"的指式。

(一)左手拇、食与右手食指搭成"中"字形。
(二)一手打手指字母"B"的指式。

(一)一手伸食指,指尖朝后指一下。
(二)一手打手指字母"B"的指式。

第十二单元　安全须知及机上设备介绍

重点词汇：需要、呼唤铃、服务、安全须知、保持、关闭、禁止、使用。

句子训练1：如果有任何需要，可以按亮您头顶上方的呼唤铃，我们随时为您服务。

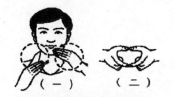

如果

（一）双手直立，掌心相对，五指微曲，交替左右转动一下。

（二）双手拇指、食指弯曲，搭成圆形。

有

一手伸拇指、食指，掌心向上，然后食指弯动几下。

任何

（一）打手指字母"R"的指式。

（二）打手指字母"H"的指式。

需要

一手平伸，掌心向上，从前往后移动一下。

可以

一手直立，掌心向外，然后食指、中指、无名指、小指弯曲一（或两）下。

按

一手伸出大拇指，向前按动几下。

| 亮 | 您 | 头 |

双手五指相捏，指尖相对，然后分别向两侧上方移动，并张开五指，表示逐渐有了光亮。

一手食指指向对方。

一手食指指额部。

| 顶 | 上方 | 的 |

左手横伸，掌心向下，右手伸拇指，右下而上，顶向左手掌心（可根据实际动作模仿）。

一手伸出食指，向上指。

一手打手指字母"D"的指式（助词"得""地"也用此姿势）。

| 呼唤 | 铃 | 我们 |

双手五指微曲，虎口朝内置于嘴边，头从一侧转向另一侧，口微张。

一手食指指尖朝下，在耳边左右晃动几下，如听到铃声。

（一）一手食指指向自己。

（二）一手横伸，掌心向下，在胸前沿顺时针方向平行转半圈。

| 随时 | 为 | 您 |

（一）一手食指、中指横伸，手背向外，在胸前交替点动几下。

（二）左手侧立，右手伸拇指、食指，指尖抵于左手掌心，食指向下转动。

右手伸拇指、食指，食指指尖朝前，腕部向右转动一下。

一手食指指向对方。

| 服务 |

（一）一手贴于耳部，头向前微倾。

（二）右手拍一下左肩。

句子训练2：您可以通过椅子旁边的圆按钮来调节椅子靠背。

| 您 | 可以 | 通过 |

一手食指指向对方。

一手直立，掌心向外，然后食指、中指、无名指、小指弯曲一（或两）下。

双手食指横伸，指尖相对，由两侧向中间交错移动。

椅子	旁边	的
左手直立，掌心向右，右手食指、中指、无名指、小指弯曲与左手掌心成直角，指尖抵住左掌心，仿椅子形状。	一手食指横伸，在另一侧手臂处向外指两下。	一手打手指字母"D"的指式（助词"得""地"也用此姿势）。

圆	按钮	来
双手拇指、食指微弯，虎口朝外，搭成圆形。	一手伸出大拇指向前按动几下。	一手掌心向下，向内挥动一下。
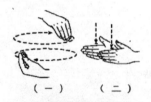		
调节	椅子	靠背
（一）双手五指撮合，指尖上下相对，交替平行转动两下。 （二）一手手指打字母"J"的手势。	左手直立，掌心向右，右手食指、中指、无名指、小指弯曲与左手掌成直角，指尖抵住左掌心，仿椅子形状。	（一）左手伸拇指，右手食指先直立，再靠向拇指。 （二）左手直立，手背向外，右手食指指一下左手背。

句子训练3：请您认真观看安全须知。

| 请 | 您 | 认真 |

双手平伸，掌心向上，同时向一侧微移。　　一手食指指向对方。　　双手直立，从头部两侧向前下方移动，表示全神贯注。

| 观看 | 安全 | 须知 |

一手食指、中指分开，指尖朝前，从眼部向前移动一下。

（一）一手横伸，掌心向下，自胸部向下一按。
（二）一手伸出拇指，沿顺时针方向平行转一圈。

（一）一手食指直立，指尖朝太阳穴处敲两下。
（二）一手食指直立，向下一挥。

句子训练4：紧急出口请保持畅通，严禁放置任何器材（设备）。

  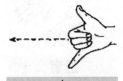

| 紧 | 急 | 出 |

一手虎口朝上，五指逐渐收缩握拳。　　双手五指弯曲，指尖贴胸，上下交替移动几下。　　一手伸拇指、小指，由内向外移动。

| 口 | 请 | 保持 |

一手食指沿口部转一圈。

双手平伸，掌心向上，同时向一侧微移。

（一）双手斜伸，掌心向外，微按一下。

（二）双手伸食指，指尖斜向相对，然后向斜下方移动。

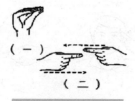
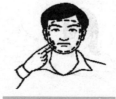

| 畅通 | 严 | 禁 |

（一）一手打手指字母"CH"的指式。

（二）双手食指横伸，指尖相对，从两侧向中间交错移动。

一手食指绕脸划一圈，面露严肃表情。

左手横伸，掌心向上，右手侧立，向左手掌心上切一下。

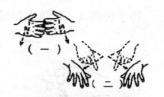

| 放置 | 任何 | 器材（设备） |

双手虚握，虎口朝上，然后同时张开五指，掌心向下（表示放东西，可以一只手打手势）。

（一）一手打手指字母"R"的指式。

（二）一手打手指字母"H"的指式。

（一）双手五指弯曲，食指、中指、无名指、小指关节交替相触，并转动几下，如机器齿轮转动。

（二）双手食指指尖朝前，先互碰一下，然后分别向两侧移动，并张开五指。

句子训练 5：请关闭所有电子设备。

请　　　　　　关闭　　　　　　所有

　　双手平伸，掌心向上，同时向一侧微移。

　　双手直立，掌心相对，然后向外转动 90 度，双手并拢，掌心向外（可根据实际动作模仿）。

　　（一）双手五指并拢微曲，指尖相触，掌心相对，从上向下作弧形移动，变成手腕相挨，表示全部。

　　（二）一手拇指、食指伸直，拇指不动，食指向内弯动几下。

 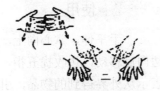

电子　　　　　　设备（器材）

　　（一）一手食指做"彡"形挥动。

　　（二）一手食指书空"子"字。

　　（一）双手五指弯曲，食指、中指、无名指、小指关节交替相触，并转动几下，如机器齿轮转动。

　　（二）双手食指指尖朝前，先互碰一下，然后分别向两侧移动，并张开五指。

句子训练6：整个航程禁止使用手机。

| 整 | 个 | 航程 |

双手侧立，掌心相对，向下一顿。

左手拇指、食指与右手食指搭成"个"字形。

一手伸拇指、食指、小指，掌心向下，向前上方做弧形移动，仿飞机外形及起飞状。

 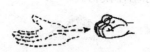

| 禁止 | 使用 | 手机 |

左手横伸，掌心向上，右手侧立，向左手掌心上切一下。

一手平伸，掌心向上，边向后移动，边收拢五指，表示从外界得到的物品，引申为"使用"。

（一）左手伸拇指，其他四指握拳，右手食指在左手上随意点几下，如在手机上拨号。

（二）左手姿势不变，置于耳边做听手机的动作。

句子训练7：收起小桌子，调整直座椅靠背，打开遮光板，洗手间暂停使用。

| 收起 | 小 | 桌子 |

（一）双手平伸，掌心向上，边向内移动边收拢五指。
（二）左手横伸，右手平伸，掌心先贴于左手掌心，然后翻转一下。

一手拇指、小指指尖相捏（可根据实际情况模仿"小"的状态）。

双手平伸，掌心向下，从中间向两侧平移，再折而下移，呈"口"形。

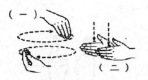  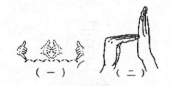

| 调整 | 直 | 座椅 |

（一）双手五指撮合，指尖上下相对，交替平衡转动两下。

（二）双手侧立，掌心相对，向下一顿。

一手侧立，掌心向内，向下一顿。

（一）双手横伸拇指、小指，先靠在一起，然后分别向两侧一顿一顿移动几下。

（二）左手直立，掌心向右，右手食指、中指、无名指、小指弯曲与左手掌成直角，指尖抵住左掌心，仿椅子形状。

| 靠背 | 打 | 开 |

（一）左手伸拇指；右手食指先直立，再靠向左手拇指。

（二）左手直立，手背向外；右手食指指一下左手背。

一手握拳，向前挥动一下（可根据实际模仿打的动作）。

双手并排直立，掌心向外，然后向内转动 90 度，掌心相对（可根据实际情况模仿开的动作）。

 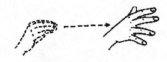

| 遮 | 光 | 板 |

左手横立，右手在左手前由上而下一切（可根据实际模仿挡、拦截的动作）。

一手五指撮合，指尖朝前边向前微移，边放开五指。

双手伸食指，指尖朝前，边向前微移，在前面画一个"囗"形，表示黑板。

洗手
双手互搓，如擦肥皂状。

间
双手搭成"∧"形，如屋顶状。

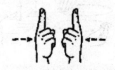
暂
双手食指直立，指面相对，由两侧向中间移动并靠近。

停
左手横伸，掌心向左，指尖抵于右手掌心，仿裁判叫停动作。

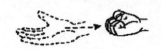
使用
一手平伸，掌心向上，边向后移动边收拢五指，表示从外界得到需要物品，引申为"使用"。

第十三单元　空中餐饮服务

重点词汇：准备，提供，提前，预定。

句子训练1：今天我们为您准备了热饮、冷饮和点心，请您享用。

今天
一手五指撮合，指尖边向前微移，边放开五指。

我们
（一）一手食指指向自己。
（二）一手横伸，掌心向下，在胸前沿顺时针方向平行转半圈。

为
右手伸拇指、食指，食指指尖朝前，腕部向右转动一下。

您
一手食指指向对方。

准备
双手横伸，掌心向下，右手掌边拍左手背，边向左侧移动。

了
一手食指书空"了"字。

 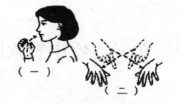 

| 热 | 饮（饮料） | 冷 |

一手五指张开，自前额向面颊部划动，象征流汗（可根据实际情况模仿热的状态）。

（一）一手虚握，做喝的动作。

（二）双手食指指尖朝前，先互碰一下，然后分开并张开五指。

双手握拳屈肘，臂部贴紧上身微动，如冷得发抖状。

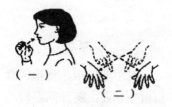 

| 饮（饮料） | 和 | 点心 |

（一）一手虚握，做喝的动作。

（二）双手食指指尖朝前，先互碰一下，然后分开并张开五指。

双手直立，五指微曲，掌心相对，由两侧向中间合拢，表示连词"和""与""同"。

左手横伸，五指微曲，掌心向上，右手拇指、食指捏成小圆形置于左手掌心，然后再放在嘴边，做咬的动作。

  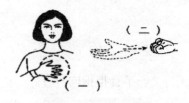

| 请 | 您 | 享用 |

双手平伸，掌心向上，同时向一侧微移。

一手食指指向对方。

（一）一手五指张开，掌心向内，贴于胸部转动一下，脸露笑容。

（二）一手平伸，掌心向上，边向后移动边收拢五指。

句子训练2：本次正餐为您提供鸡肉米饭、牛肉面条，请问您需要哪一种？

本次

（一）双手侧立，掌心相贴，再左右打开。
（二）一手打手指字母"C"的指式。

正

双手直立，掌心相对，向前一顿。

餐

一手伸食指、中指做吃饭动作。

为

右手伸拇指、食指，食指指尖朝前，腕部向右转动一下。

您

一手食指指向对方。

提供

（一）一手握拳下垂，手臂微曲，向上提起。
（二）双手平伸，掌心向上，同时向前伸出。

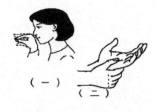

鸡肉

（一）一手拇指、食指捏成尖形，手背贴于嘴部，指尖开合几下，仿鸡的嘴。
（二）右手伸拇指、食指，捏左手的小鱼际部位。

米饭

（一）一手拇指、食指相对，中间留有米粒大小距离。
（二）一手伸食指、中指，做吃饭的动作。

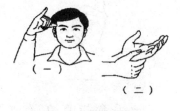

牛肉

（一）一手伸拇指、小指，拇指尖抵于太阳穴处，小指尖朝前，仿牛角状。
（二）右手伸拇指、食指，捏左手的小鱼际部位。

| 面条 | 请 | 问 |

（一）一手打手指字母"M"的指式。

（二）一手伸食指、中指，由胸部向嘴边提，如用筷子夹吃面条状。

双手平伸，掌心向上，同时向一侧微移。

右手食指书空"？"。

| 您 | 需要 | 哪 |

一手食指指向对方。

一手平伸，掌心向上，从前往后移动一下。

一手伸食指，指尖朝前下方随意点几下。

| 一 | 种 |

一手食指直立（或横伸）。

一手拇指、食指、中指相捏，指尖朝下点动两下。

句子训练 3：可乐需要加冰块吗？

| 可乐 | 需要 | 加 |

（一）一手直立，掌心向外，然后食指、中指、无名指、小指弯曲一下或两下。

（二）双手横伸，掌心向上，在胸前上下交替动几下。

一手平伸，掌心向上，从前往后移动一下。

一手拇指、食指搭成"＋"，表示加、加号、正好。

| 冰块 | 吗 |

双手握拳屈肘，在身体两侧微微颤抖，然后双手五指成"[ ]"形，象征冰块。

右手食指书空"？"。

句子训练 4：很抱歉，特殊餐食需要提前 24 小时向航空公司申请预订。

 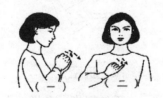

| 很 | 抱歉 | 特殊 |

一手食指横伸，拇指尖低于食指根部，然后向下一顿。

（一）双手抱拳作揖，脸露抱歉表情。

（二）一手伸小指，指尖朝胸部点几下，表示自责之意。

左手横伸，手背向上，右手伸食指，从左手小指外缘向上伸出。

| 餐食 | 需要 | 提前 |

一手伸食指、中指，做吃饭动作。

一手平伸，掌心向上，从前往后移动一下。

双手横伸，手背相贴，左手在下不动，右手向上提起。

| 二十 | 四 | 小时 |

一手食指、中指直立并分开，然后弯动两下。

一手食指、中指、无名指、小指直立（或横伸）。

（一）一手拇指、小指指尖相捏。

（二）左手侧立，右手伸拇指、食指，拇指指尖抵于左手掌心，食指向下转动。

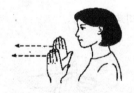

| 向 | 航空 | 公司 |

双手直立，掌心相对，向前移动一下，移动的幅度要比手势"正"大。

一手伸拇指、食指、小指，掌心向下，向前上方做弧形移动，仿飞机外形及起飞状。

（一）双手拇指、食指搭成"公"字形。

（二）一手打手指字母"S"的指式。

| 申请 | 预订 |

（一）一手抱拳，前后微动几下。

（二）双手平伸，掌心向上，同时向斜上方移动。

（一）左手伸拇指，右手伸食指，敲一下左手拇指。

（二）左手横伸，右手中指、无名指、小指指尖在左手掌心上点一下。

第十四单元　CIQ

重点词汇：入境，检疫，携带，海关，申报。

句子训练1：根据入境管理局规定，入境乘客需要填写入境卡。

根据

左手握拳，手背向上，右手握住左手腕部。

入

一手伸拇指、小指，由外向内移动。

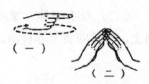

境（国家）

（一）一手打手指字母"G"的指式，并沿顺时针方向平行转一圈。

（二）双手搭成"∧"形。

备注："境"可以用"国家"来代替。

管理

（一）右手拍一下左肩部。

（二）双手侧立，掌心相对，然后一顿一顿向左侧移动几下。

局

一手打手指字母"J"的指式。

规定

（一）右手横伸，由外向内一顿一顿移动几下。

（二）一手食指直立，向下挥动一下。

 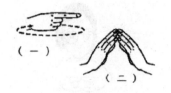 

| 入 | 境（国家） | 乘客 |

一手伸拇指、小指，由外向内移动。

（一）一手打手指字母"G"的指式，并沿顺时针方向平行转一圈。

（二）双手搭成"∧"形。

备注："境"可以用"国家"来代替。

（一）左手横伸，右手伸拇指、小指置于左掌心上，双手同时向右侧移动一下。

（二）双手平伸，掌心向上，同时向一侧微移。

| 需要 | 填写 | 入 |

一手平伸，掌心向上，从前往后移动一下。

（一）左手侧立，右手五指捏成圆形，虎口朝左贴向左手掌心。

（二）一手拇指、食指、中指相捏，如执铅笔写字状。

一手伸拇指、小指，由外向内移动。

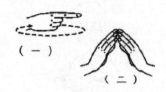 

| 境（国家） | 卡 |

（一）一手打手指字母"G"的指式，并沿顺时针方向平行转一圈。

（二）双手搭成"∧"形。

备注："境"可以用"国家"来代替。

双手拇指、食指张开，指尖相对，如房卡宽度。

句子训练2：根据国家检疫部门相关规定，在到达前我们要对客舱喷洒无毒防虫剂。

 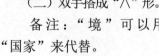

| 根据 | 国家 | 检 |

左手握拳，手背向上，右手握住左手腕部。

（一）一手打手指字母"G"的指式，并沿顺时针方向平行转一圈。

（二）双手搭成"∧"形。

备注："境"可以用"国家"来代替。

双手拇指、食指、中指相捏，指尖朝下，上下交替移动几下。

| 疫 | 部 | 门 |

左手平伸,掌心向上,右手五指并拢,食指、中指、无名指指尖按于左手脉门处,如中医脉诊动作。

一手打手指字母"B"的指式。

双手五指并拢,掌心向外,并排直立,模拟两扇关着的门的形状。

| 相 | 关 | 规定 |

右手食指、中指分开,指尖朝左,然后向右侧平行移动。

双手直立,掌心相对,然后向外转动90度,双手并拢,掌心向外。

(一)右手横伸,由外向内一顿一顿移动几下。

(二)一手食指直立,向下挥动一下。

| 在 | 到达 | 前 |

左手横伸,右手伸出拇指、小指,由上而下移至左手掌心上。

一手伸拇指、小指,向前做弧形移动,然后向下一顿。

一手平伸,掌心向内,向肩后挥动一下。

我们

（一）一手食指指向自己。
（二）一手横伸，掌心向下，在胸前沿顺时针方向平行转半圈。

要

一手平伸，掌心向上，从前往后移动一下。

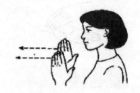

对

双手直立，掌心相对，向前移动一下，移动的幅度要比手势"正"大。

客

双手平伸，掌心向上，同时向一侧移动一下。

舱

双手搭成"∧"形。
备注："舱"可以用"家"来代替。

喷

左手成半圆形，掌心向上，右手五指相捏，手腕部置于左手虎口处，然后猛然放开（可根据实际模仿喷的动作）。

洒

左手五指成半圆形，虎口朝上，右手指尖朝下插入左手虎口内，然后向外撩动几下，如洒水状（可根据实际模仿洒的动作）。

无

一手拇指、食指、中指指尖朝上，互捻一下然后手伸开。

毒

双手握拳屈肘，腕部交叉，置于颈部。

防	虫	剂（液体）
双手直立，掌心向外推。	一手食指横伸，一伸一屈做蠕动状，仿昆虫爬行。	（一）一手横伸，掌心向下，向一侧做波纹状移动。（二）一手贴于胸部，向下微移。

句子训练3：如果您对喷洒药物过敏，请用手帕捂住口鼻。

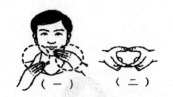  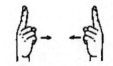

如果	您	对
（一）双手直立，掌心相对，五指微曲，交替左右转动一下。（二）双手拇指、食指弯曲，搭成圆形。	一手食指指向对方。	双手食指直立，然后同时由两侧向中间微动一下。

喷	洒	药
左手成半圆形，掌心向上，右手五指相捏，手腕部置于左手虎口处，然后猛然放开（可根据实际模仿喷的动作）。	左手五指成半圆形，虎口朝上，右手指尖朝下插入左手虎口内，然后向外撩动几下，如洒水状（可根据实际模仿洒的动作）。	一手打手指字母"Y"和"O"的指式。

| 物 | 过敏 | 请 |

双手食指指尖朝前，先互碰一下，然后向两侧分开并张开五指。

（一）左手平伸，掌心向上，右手食指在左腕处扎一下，模仿打皮试针。
（二）左手姿势不变，右手五指撮合，指尖朝下置于针眼处，然后稍张开，表示过敏红肿反应。

双手平伸，掌心向上，同时向一侧微移。

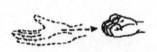 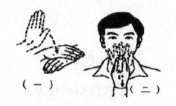 

| 用 | 手帕 | 捂住 |

一手平伸，掌心向上，边向后移动，表示从外界得到所需物品，引申为"用"。

（一）一手手掌拍一下另一手背。
（二）一手五指分开，掌心向内，由上向下边擦嘴部边撮合五指。

一手五指撮合，做捂住口鼻的动作。

| 口 | 鼻 |

一手食指沿口部转一圈。

一手食指沿鼻子转一圈。

句子训练4：入境卡填写需要协助的，请您和乘务员联系。

入

一手伸拇指、小指，由外向内移动。

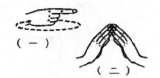

境（国家）

（一）一手打手指字母"G"的指式，并沿顺时针方向平行转一圈。

（二）双手搭成"∧"形。

备注："境"可以用"国家"来代替。

卡

双手拇指、食指张开，指尖相对，如房卡宽度。

填写

（一）左手侧立，右手五指捏成圆形，虎口朝左贴向左手掌心。

（二）一手食指、中指相捏，如铅笔写字状。

需要

一手平伸，掌心向上，从前往后移动一下。

协

双手食指互相勾住。

助（帮助）

双手斜伸，掌心向上，按动两下，表示给人帮助。

的

一手打手指字母"D"的指式（助词"得""地"也用此姿势）。

请

双手平伸，掌心向上，同时向一侧微移。

您　　　　　　　　和　　　　　　　　乘务员

一手食指指向对方。

双手直立，五指微曲，掌心相对，由两侧向中间合拢，表示连词"和""与""同"。

（一）一手手掌贴于耳部，头向前微倾。
（二）左手拍一下左肩。
（三）右手拇指、小指捏成小圆圈贴于左胸部。

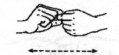

联系

双手拇指、食指捏成小圆圈，互相连环，同时左右微动。

句子训练5：如果携带一万美元以上的货币，须向海关申报。

如果　　　　　　　携带　　　　　　　一

（一）双手直立，掌心相对，五指微曲，交替左右转动一下。
（二）双手拇指、食指弯曲，搭成圆形。

左手虚握，手背向上，右手抓住左手手腕并向一侧移动（可根据实际模仿携带的动作）。

一手食指直立（或横伸）。

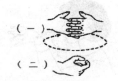

万

一手食指书空"フ"形表示万字的横折勾部分。

美元

（一）双手五指分开，斜向交叉，手背向外，并沿顺时针方向平行转一圈。

（二）一手拇指、食指弯曲，指尖稍分开，成一个半圆形。

以

一手打手指字母"Y"的指式。

上

一手伸食指向上指。

的

一手打手指字母"D"的指式（助词"得""地"也用此手势）。

货币

一手拇指、食指相捏成圆形，微微晃动几下。

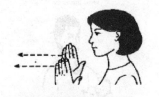
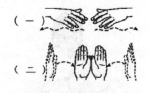

须

一手食指直立，向下一挥。

备注：该指式为"一定"和"必须"的意思，这里用作为"须"的意思。

向

双手直立，掌心向对，向前移动一下，移动的幅度要比手势"正"大。

海关

（一）双手横伸，掌心向下，往两侧做波浪形移动。

（二）双手直立，掌心相对，然后向外转动90度，双手并拢，掌心向外。

申（申请） 　　报（报告）

（一）双手抱拳，前后微动几下。
（二）双手平伸，掌心向上，同时向斜上方移动。

一手五指撮合，指尖朝前，从嘴部边向前移动，边张开五指。

句子训练6：申报单和入境卡落地后，请分别交给海关和移民局工作人员。

申（申请）　　报（报告）　　单

（一）双手抱拳，前后微动几下。
（二）双手平伸，掌心向上，同时向斜上方移动。

一手五指撮合，指尖朝前，从嘴部边向前移动，边张开五指。

双手拇指、食指张开，指尖相对，如支票宽度，由中间向两边微拉。

  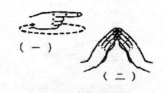

和　　入　　境（国家）

双手直立，五指微曲，掌心相对，由两侧向中间合拢，表示连词"和""与""同"。

一手伸拇指、小指，由外向内移动。

（一）一手打手指字母"G"的指式，并沿顺时针方向平行转一圈。
（二）双手搭成"∧"形。
备注："境"可以用"国家"来代替。

卡	落	地

双手拇指、食指张开，指尖相对，如房卡宽度。

左手横伸，掌心向上不动，右手拇指、食指捏成小圆圈，其他手指张开，由上往下移至左手掌心上（可根据实际情况模仿落的动作）。

一手食指指尖朝下指一下。

后	请	分别

一手伸食指，指尖朝肩后指一下。

双手平伸，掌心向上，同时向一侧微移。

双手伸出拇指、小指，手腕先相贴，然后向两侧分开。

交	给	海关

双手伸拇指、小指，指尖相对，由两侧向中间交错移动。

一手五指虚握，掌心向上，边向外移动边张开手指，如给别人东西。

（一）双手横伸，掌心向下，往两侧做波浪形移动。

（二）双手直立，掌心相对，然后向外转动 90 度，双手并排掌心向外。

和

双手直立，五指微曲，掌心相对，由两侧向中间合拢，表示连词"和""与""同"。

移

一手五指并拢，指尖朝下，从一侧向另一侧移动（可根据实际模仿动作）。

民

双手食指搭成"人"字形，并沿顺时针方向转一圈。

局

一手打手指字母"J"的指示。

工作

（一）左手食指、中指与右手食指搭成"工"字形。

（二）双手握拳，一上一下，右拳向下砸一下左拳。

人

双手食指搭成"人"字形。

员

右手拇指、小指捏成圆形贴于左胸处。

第十五单元 送 别 旅 客

句子训练1：请携带好随身行李物品，从前登机门下飞机。

请

双手平伸，掌心向上，同时向一侧微移。

携带

左手虚握，手背向上，右手抓住左手腕并向一侧移动（可根据实际模仿动作）。

好

一手伸出拇指。

随

一手食指、中指横伸，手背向外，手指交替点动几下。

身

双手掌心向内，贴于胸部，向下微移，表示身体。

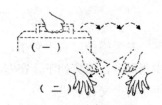

行李

（一）一手握拳下垂，做提重物状，然后一顿一顿向前移动几下。

（二）双手伸食指，指尖朝下，先互碰一下，然后分别向两侧移动并张开五指。

| 物品 | 从 | 前 |

（一）双手伸食指，指尖朝下，先相互碰一下，再分开并张开五指。

（二）双手拇指、食指捏成圆形，左手在上不动，右手在下连打两次，仿"品"字。

双手食指、中指搭成"从"字形。

一手伸食指，向正前方指一下。

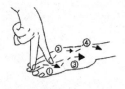

| 登 | 机 | 门 |

左手横伸，右手食指、中指叉开，指尖朝下，在左手手背上交替前进。

一手伸拇指、食指、小指，掌心向下，向前上方做弧形移动，仿飞机外形及起飞状。

双手五指并拢，掌心向外，并排直立，模拟两扇关着的门的形状。

| 下 | 飞机 |

一手伸食指向下指。

一手伸拇指、食指、小指，掌心向下，向前上方做弧形移动，仿飞机外形及起飞状。

句子训练 2：欢迎您再次乘坐我们的班机，祝您旅途愉快，再会！

欢迎

（一）双手鼓掌。
（二）双手平伸，掌心向上，同时向一侧微移。

您

一手食指指向对方。

再

右手食指横伸，拇指、中指相捏，边向左侧移动，边张开拇指、中指。

次

一手打手指字母"C"的指式。

乘

左手横伸，右手伸拇指、小指，置于左手掌心上，并向右侧移动一下。

坐

左手横伸，右手伸拇指、小指，置于左手掌心上（可根据实际模仿"坐"的动作）。

我们

（一）一手食指指向自己。
（二）一手横伸，掌心向下，在胸前沿顺时针方向平行转半圈。

的

一手打手指字母"D"的指式（助词"得""地"也用此姿势）。

班机

一手伸拇指、食指、小指，掌心向下，向前上方做弧形移动，仿飞机外形及起飞状。

| 祝 | 您 | 旅 |

双手抱拳，前后微动几下。　　一手食指指向对方。　　一手打手指字母"L"的指式。

| 途 | 愉快 | 再会 |

双手侧立，掌心相对，同时向前移动一下。　　双手横伸，掌心向上，上下交替动几下，面露笑容。　　一手上举，五指微曲，向前挥动两下。

句子训练3：谢谢，欢迎您再次选乘我们的班机。

| 谢谢 | 欢迎 | 您 |

双手抱拳，前后微动几下。　　（一）双手鼓掌。
（二）双手平伸，掌心向上，同时向一侧微移。　　一手食指指向对方。

| 再 | 次 | 选（挑选） |

右手食指横伸，拇指、中指相捏，边向左侧移动，边张开拇指、中指。

一手打手指字母"C"的指式。

左手直立，掌心向内，五指分开，右手拇指先捏一下左手食指，然后向上一提（可根据实际模仿"抽""挑选"的动作）。

| 乘 | 我们 | 的 |

左手横伸，右手伸拇指、小指，置于左手掌心上，并向右侧移动一下。

（一）一手食指指向自己。
（二）一手横伸，掌心向下，在胸前沿顺时针方向平行转半圈。

一手打手指字母"D"的指式（助词"得""地"也用此姿势）。

班机

一手伸拇指、食指、小指，掌心向下，向前上方做弧形移动，仿飞机外形及起飞状。

句子训练4：交运行李在到达大厅领取，您注意看行李转盘的显示屏。

 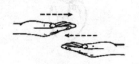 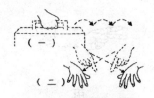

| 交 | 运（运输） | 行李 |

双手伸拇指、小指，指尖相对，由两侧向中间交错移动。

双手横伸，掌心向上，五指微曲，由两侧向中间交错移动，如运输车辆来往。

（一）一手握拳下垂，做提重物状，然后顿一顿向前移动几下。

（二）双手伸食指，指尖朝下，先互碰一下，然后分别向两侧移动并张开五指。

| 在 | 到达 | 大 |

左手横伸，右手伸出拇指、小指，由上而下移至左手掌心上。

一手伸拇指、小指，向前做弧形移动，然后向下一顿。

双手侧立，掌心相对，同时向两侧移动，幅度要大些（可根据实际模仿"大"的状态）。

| 厅 | 领 | 取（拿） |

左手拇指、食指成"厂"形，右手食指在"厂"形中书空"丁"字，仿"厅"字。

左手伸拇指，在前，右手五指分开，掌心向下，在后，双手同时向前移动。

一手五指张开，指尖朝下边向上移动边握拳，如拿东西状。

您

一手食指指向对方。

注意

一手食指、中指分开,置于眼前,指尖向前点动两下。

看

一手食指、中指分开,指尖朝前,从眼部向前看一下。

转盘

双手伸食指,指尖相对一上一下,相距约10厘米,然后交替做平面转动(可根据实际模仿动作)。

的

一手打手指字母"D"的指式(助词"得""地"也用此姿势)。

显

双手并排直立,掌心向内,然后左手不动,右手向内移动一下。

示

左手食指、中指横伸,右手食指在左手食指、中指下书空"小"字,仿"示"字形。

屏

双手食指书空"冂"形,如电视机外形。

句子训练5：中转的旅客，请到候机厅办理手续。

中

左手拇指、食指与左手食指搭成"中"字形。

转

双手伸食指，指尖相对一上一下，相距约10厘米，然后交替做平面转动（可根据实际模仿动作）。

的

一手打手指字母"D"的指式（助词"得""地"也用此姿势）。

旅客

（一）左手横伸，右手伸拇指、小指，置于左手掌心上，并向右侧移动一下。

（二）双手平伸，掌心向上，同时向一侧移动一下。

请

双手平伸，掌心向上，同时向一侧微移。

到

一手伸拇指、小指，向前做弧形移动，然后向下一顿。

候

一手横伸，手背贴于下巴处。

机

一手伸拇指、食指、小指，掌心向下，向前上方做弧形移动，仿飞机外形及起飞状。

厅

左手拇指、食指成"厂"形，右手食指在"厂"形中书空"丁"字，仿"厅"字。

办理　　　　　　　　　手续

（一）双手横伸，掌心向下，互拍手背。
（二）双手侧立，掌心相对，然后一顿一顿向左侧移动几下。

（一）左手横伸，右手拍一下左手背，同制度手势二。
（二）一手握拳，然后依次横伸出食指、中指、无名指、小指。

句子训练 6：继续前往北京的旅客，请您向地面工作人员领取登机牌，在候机厅稍作休息。

继续　　　　　　前往　　　　　　北京

双手伸食指，指尖斜向相对，同时向左下方移动。

一手伸食指，向正前方指一下。

右手伸食指、中指，自左肩部斜划向右腰部（此为北京当地手势）。

的　　　　　　旅客　　　　　　请

一手打手指字母"D"的指式（助词"得""地"也用此姿势）。

（一）左手横伸，右手伸拇指、小指，置于左手掌心上，并向右侧移动一下。
（二）双手平伸，掌心向上，同时向一侧移动一下。

双手平伸，掌心向上，同时向一侧微移。

您	向	地面
一手食指指向对方。	双手直立掌心相对，向前移动一下，比手势"正"移动的幅度大。	一手食指指尖朝下一指。

 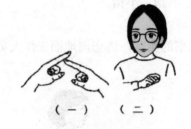 

工作	人员	领取
（一）左手食指、中指与右手食指搭成"工"字形。 （二）双手握拳，一上一下，右拳向下砸一下左拳。	（一）双手食指搭成"人"字形。 （二）右手拇指、小指捏成圆形贴于左胸处。	一手五指张开，指尖朝下，边向上移动边握拳，如拿东西状。

 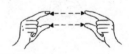

登	机	牌
左手横伸，右手食指、中指叉开，指尖朝下，在左手手背上交替前进。	一手伸拇指、食指、小指，掌心向下，向前上方做弧形移动，仿飞机外形及起飞状。	双手拇指、食指张开，相距约3厘米，指尖相对，由中间向两侧微拉，象征标牌。

| 在 | 候 | 机 |

左手横伸，右手伸出拇指、小指，由上而下移至左手掌心上。

一手横伸，手背贴于下巴处。

一手伸拇指、食指、小指，掌心向下，向前上方做弧形移动，仿飞机外形及起飞状。

| 厅 | 稍作 | 休息 |

左手拇指、食指成"厂"形，右手食指在"厂"形中书空"丁"字，仿"厅"字。

一手拇指与无名指尖相捏，并微微抖动几下。

双手交叉贴于胸前。

参 考 文 献

[1] 超锡安. 中日手语研究［M］. 北京：华夏出版社，1999.

[2] 方耀. 论从猿到人的过渡期［J］. 古脊椎动物学报，1976（2）：9-16.

[3] 中国残疾人联合会教育就业部，中国聋人协会. 中国手语日常会话［M］. 北京：华夏出版社，2006.

[4] 中国残疾人联合会教育就业部，中国聋人协会. 中国手语［M］. 北京：华夏出版社，2003.

附录 A 汉语手指字母图

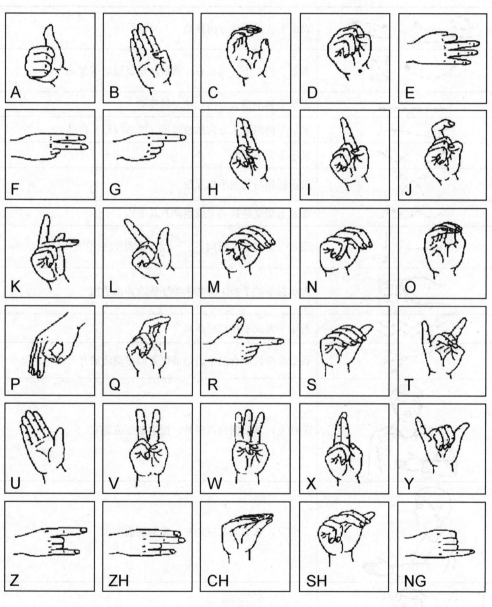

附录 B 手势动作图解符号说明

	表示手势沿箭头方向移动
	表示手势上下（或左右、前后）反复摆动或捏动
	表示手势沿箭头方向一顿一顿移动
	表示手势沿箭头方向做波浪形（或曲线形）移动
	表示手上下抖动
	表示拇指与其他手指互捻
	表示五指交替抖动（或点动）几下
	表示手势向前（或向下）一顿，或到此终止
	表示握拳的手按①②③④顺序依次伸出手指
	表示手臂或手指轻轻颤抖
	表示握拳或撮合的手边沿箭头方向移动边放开五指
	手横立，掌心向内或向外，指尖朝左或朝右
	手侧立，掌心向左或向右，指尖朝前
	手直立，掌心可向前、后、左、右四个方向，指尖朝上

续表

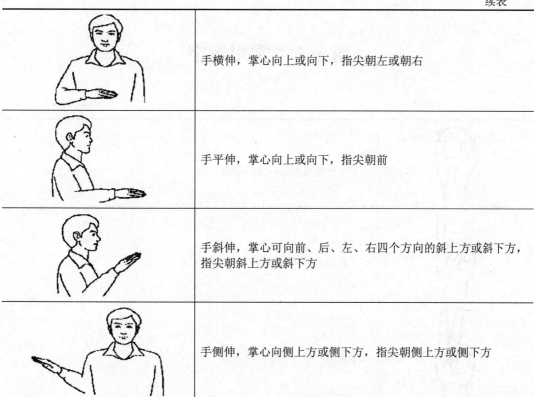

	手横伸，掌心向上或向下，指尖朝左或朝右
	手平伸，掌心向上或向下，指尖朝前
	手斜伸，掌心可向前、后、左、右四个方向的斜上方或斜下方，指尖朝斜上方或斜下方
	手侧伸，掌心向侧上方或侧下方，指尖朝侧上方或侧下方

附录 C 常用数字

	零（0） 一手五指捏成圆圈，虎口朝内
	一（1） 一手食指直立（或横伸）
	二（2） 一手食指、中指直立（或横伸）
	三（3） 一手中指、无名指、小指直立（或横伸）
	四（4） 一手食指、中指、无名指、小指直立（或横伸）
	五（5） 一手五指直立（或拇指直立，食指、中指、无名指、小指横伸）
	六（6） 一手伸拇指、小指，指尖朝上（或指尖朝左），手背向外（或向内）

续表

	七（7）	一手伸拇指、食指、中指，食指、中指指尖朝上，手背向内（或向外）我国民间也有"捏七"的说法，即"七"的手势由拇指、食指、中指指尖相捏。
	八（8）	一手伸拇指、食指，手背向内（或向外）
	九（9）	一手食指弯如钩形
	十（10）	一手食指、中指相叠直立
	二十（20）	一手食指、中指直立并分开，然后弯动两下
	三十（30）	一手中指、无名指、小指直立并分开，然后弯动两下
	四十（40）	一手食指、中指、无名指、小指直立并分开，然后弯动两下

续表

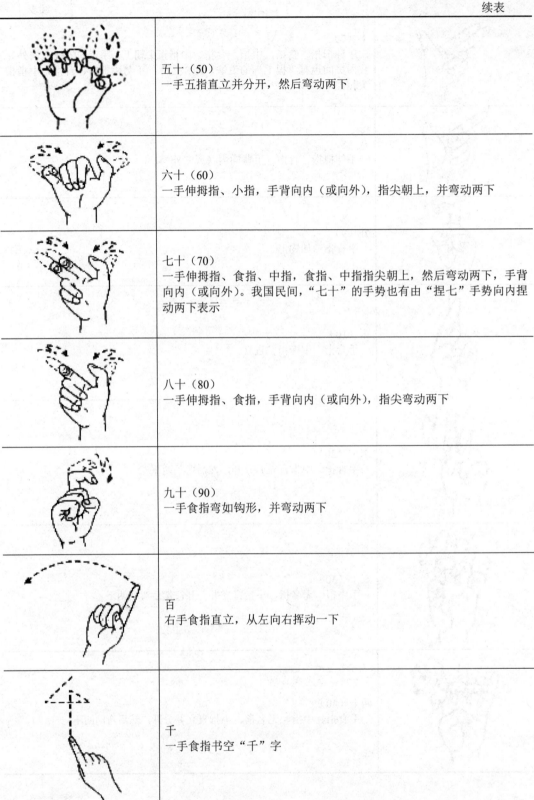	五十（50） 一手五指直立并分开，然后弯动两下
	六十（60） 一手伸拇指、小指，手背向内（或向外），指尖朝上，并弯动两下
	七十（70） 一手伸拇指、食指、中指，食指、中指指尖朝上，然后弯动两下，手背向内（或向外）。我国民间，"七十"的手势也有由"捏七"手势向内捏动两下表示
	八十（80） 一手伸拇指、食指，手背向内（或向外），指尖弯动两下
	九十（90） 一手食指弯如钩形，并弯动两下
	百 右手食指直立，从左向右挥动一下
	千 一手食指书空"千"字

续表

	万 一手食指书空"丁"形,表示"万"字的横折勾部分
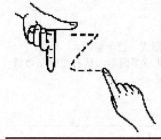	亿 左手拇指、食指成"亻"形,右手食指在左手旁书空"乙"字,仿"亿"字形

附录 D 节 日

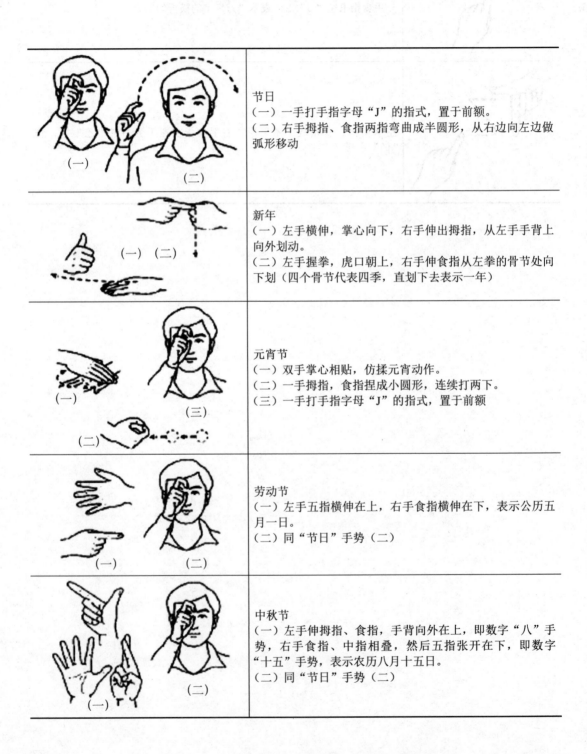

节日
(一) 一手打手指字母"J"的指式，置于前额。
(二) 右手拇指、食指两指弯曲成半圆形，从右边向左边做弧形移动

新年
(一) 左手横伸，掌心向下，右手伸出拇指，从左手手背上向外划动。
(二) 左手握拳，虎口朝上，右手伸食指从左拳的骨节处向下划（四个骨节代表四季，直划下去表示一年）

元宵节
(一) 双手掌心相贴，仿揉元宵动作。
(二) 一手拇指，食指捏成小圆形，连续打两下。
(三) 一手打手指字母"J"的指式，置于前额

劳动节
(一) 左手五指横伸在上，右手食指横伸在下，表示公历五月一日。
(二) 同"节日"手势（二）

中秋节
(一) 左手伸拇指、食指，手背向外在上，即数字"八"手势，右手食指、中指相叠，然后五指张开在下，即数字"十五"手势，表示农历八月十五日。
(二) 同"节日"手势（二）

续表

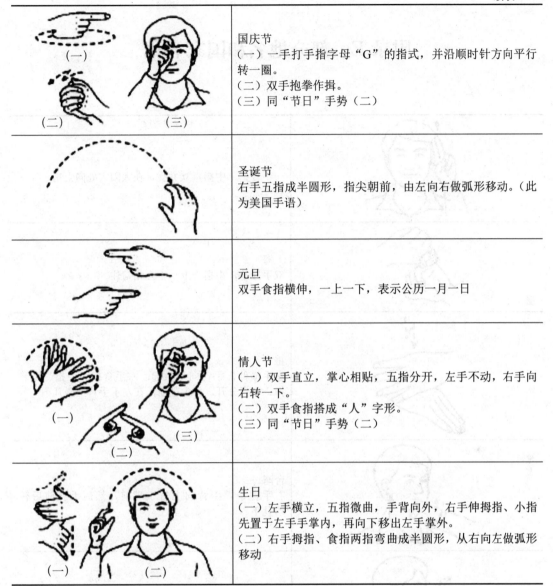

国庆节
（一）一手打手指字母"G"的指式，并沿顺时针方向平行转一圈。
（二）双手抱拳作揖。
（三）同"节日"手势（二）

圣诞节
右手五指成半圆形，指尖朝前，由左向右做弧形移动。（此为美国手语）

元旦
双手食指横伸，一上一下，表示公历一月一日

情人节
（一）双手直立，掌心相贴，五指分开，左手不动，右手向右转一下。
（二）双手食指搭成"人"字形。
（三）同"节日"手势（二）

生日
（一）左手横立，五指微曲，手背向外，右手伸拇指、小指先置于左手手掌内，再向下移出左手掌外。
（二）右手拇指、食指两指弯曲成半圆形，从右向左做弧形移动

附录 E 部分地名和国家名称

	天津 一手食指、中指直立并拢，在太阳穴处向上指
	上海 双手握拳，小指一上一下互相勾住
	重庆 左手横伸，手背向上拱起，右手食指、中指、无名指、小指分开，指尖朝前，在左手手背上碰几下
	台湾 右手握拳，手背向上置于嘴前，然后手腕前后转动几下
	香港 一手五指弯曲，指尖对着鼻部张合几次（此为表示香港地名的国际手语）
	澳门 右手伸拇指、食指、小指，食指指尖抵于面颊，手腕转动几下（此为表示澳门地名的国际手语）

附录 E　部分地名和国家名称

续表

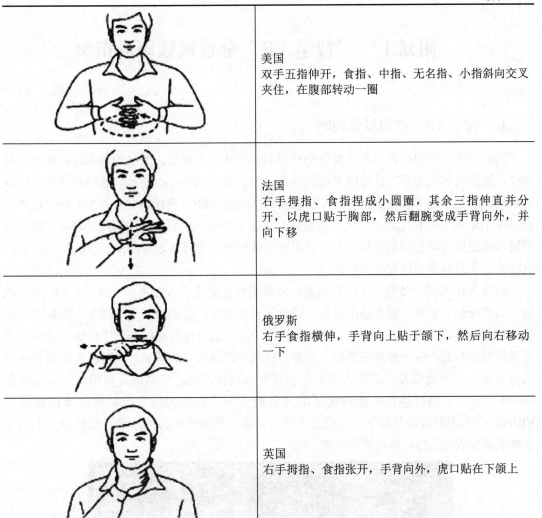

美国	双手五指伸开，食指、中指、无名指、小指斜向交叉夹住，在腹部转动一圈
法国	右手拇指、食指捏成小圆圈，其余三指伸直并分开，以虎口贴于胸部，然后翻腕变成手背向外，并向下移
俄罗斯	右手食指横伸，手背向上贴于颌下，然后向右移动一下
英国	右手拇指、食指张开，手背向外，虎口贴在下颌上

附录 F "智学 VR"全景视频观看指南

1. "智学 VR"使用设备说明

当前书本上的很多内容都需要我们自己展开立体化的想象，但鉴于书本这种载体的局限性，这些内容在书本上只能以平面的形式呈现。有了 VR/AR 技术，这些问题都可以得到解决，学生通过下载注册官方航空智慧教育移动端 APP，进行航空专业 VR 教学视频观看以及 AR 教学素材互动；学生在教室只需拿起手机或平板对准相关图片或设备，通过光学追踪就能够自动识别相关知识点，并实时立体展现书中难以理解的知识点的相关信息，这样补足了教科书在这方面的缺陷。

航空 VR 实训一体机（下图右）是在硬件平台上集成了 VR 图形工作站、VR 立体眼镜、高清液晶显示屏、输入输出设备、音响等教学设备，能把参与者的视觉、听觉和其他感觉封闭起来，并提供一个新的、虚拟的感觉空间，通过位置跟踪器、手控输入设备、声音等使得参与者产生一种身临其境、全身心投入和沉浸其中的感觉，它可真实再现机场与飞机客舱工作环境以及各职业人员的工作任务与岗位职责。学员通过模拟航空服务职业（空乘、地勤）岗位操作，能快速了解并掌握企业工作流程以及日常岗位操作要求。VR/AR 技术不但可以帮助学生完成自主学习，增加探索和学习的乐趣，而且能大大减少老师的基础教学工作，提高教学效率。

通过教材结合手机移动 VR 头盔、航空 VR 实训一体机、信息化教学管理平台等构建航空 VR 实践教学中心，进一步完善校内实训基地的虚实一体化建设，实现多样化功能。通过虚拟航空岗位工作任务和职业环境，探索航空专业虚实结合实践教学新模式，进一步提高学生的职业意识和操作技能。该技术可以整体提升学校信息化和教研成果转化应用水平，为创建区域乃至全国示范性特色品牌，以及区域经济转型升级培养高素质技能人才发挥重要作用。

2. 下载"智学 VR" APP

使用手机扫描下列二维码,下载"智学 VR" APP,选择苹果 ios 或 Android 版本进行安装。

3. 注册/登录

启动 APP,进入注册/登录界面:已注册用户在界面中输入手机号码以及登录密码即可登录 APP 首页;未注册用户点击界面上的"账号注册"先进行注册,再登录。

4. 选择视频课程

登录 APP 后,点击界面上的"航空"按钮,进入"航空"界面(见下图)。

5. 观看视频

在"航空"界面中,选择"AR 教材",在"AR 教材"界面(见下图)选择《民航服务手语训练》,然后将教材中某个"句子训练"下, ![VR] 标识周围的几张图片同时置于手机扫描区域进行扫描,即可观看该"句子训练"对应的 VR 视频。

本教材"智学 VR"全景视频资源将不断补充完善,请随时关注"智学 VR"APP 资源更新。